家族には週末料理担当を任されています

～チーフの日常～

著者　チーフ
イラスト・漫画　じゅーぱち

KADOKAWA

はじめに

はじめまして
チーフです
SNSで見てくださっている方は
こちらのような投稿で
ご存じの方も
いらっしゃるかと
思います
いつもありがとうございます!
チーフ
クッキー焼く。
この後のツイートがなかったら失敗したと思ってください。
チーフ
今夜はカレーだよ
平日は単身赴任
ミニマリスト並みの
何もない部屋で
欲望のままに
食べたいものを作って
晩酌を楽しんでいます
気ままなひとり暮らしを
満喫しているような
私ですが
土曜の朝は…
朝ごはんだけ
食べると
慌ただしく
家族の元へ
駆けつけます

平日に家族と過ごす時間が少ないので
せめて週末の料理を担当することで家族にアピールしたいからです
家族の評価は分かりませんが…笑 他の家事も積極的にやっています!
「ミートパイが食べたい」とか「切り干し大根を作って」など子どもたちのリクエストにこたえ続けるうちに腕が上がり…
今では家庭菜園に手を出したり
20種類以上の野菜を育ててます!
フム…
はまった料理はよりおいしくできるようにほぼ毎日作って研究したりしています
家族内の私の地位も向上してきたような…?
あまり褒められることはないけど…
料理って最高のコミュニケーションツールですね!
本書ではそんな私の日々の暮らしや料理との向き合い方家族への思いなどをお話しします
ぜひ読んでいただけたら嬉しいです

もくじ

はじめに …… 2

1章 平日は単身赴任、週末は自宅で家族時間 …… 7

1 平日の単身生活、ひとりの過ごし方 …… 8
2 週末の自宅時間、家族との過ごし方 …… 14
3 チーフの1週間 …… 19
4 平日のひとり飯 …… 22
5 ひとり飯の救世主〝パスタ〟 …… 27
6 週末の家族飯 …… 34
7 ひとりと家族の朝ごはん …… 48
8 ひとりと家族の昼ごはん …… 56
9 京都での初めての単身赴任 …… 60
10 子どもたちとお弁当 …… 67
11 ツンデレでかわいい娘 …… 77
12 リクエストが渋い息子 …… 88
13 厳しくも温かく見守ってくれる妻 …… 92

2章 生地や断面の美しさに感動！お菓子&ホットサンド …… 97

14 型抜きクッキーとの出会い …… 98
15 プリンにパフェにドーナツ…お菓子作りの沼 …… 105
16 子どもたちとお菓子作り …… 113
17 ホットサンド襲来 …… 118

3章 チーフといえば …… 127

18 チーフ構文 …… 128
19 チーフ流 料理の基本とこだわり …… 131
20 〝おいしそう〟な写真のコツ …… 138
21 ズボラ栽培の家庭菜園 …… 145
22 おにぎり図鑑 …… 152

おわりに …… 157
あとがき …… 158

ブックデザイン　松田剛、平田麻依（東京100ミリバールスタジオ）
校閲　鷗来堂
編集　重藤歩美

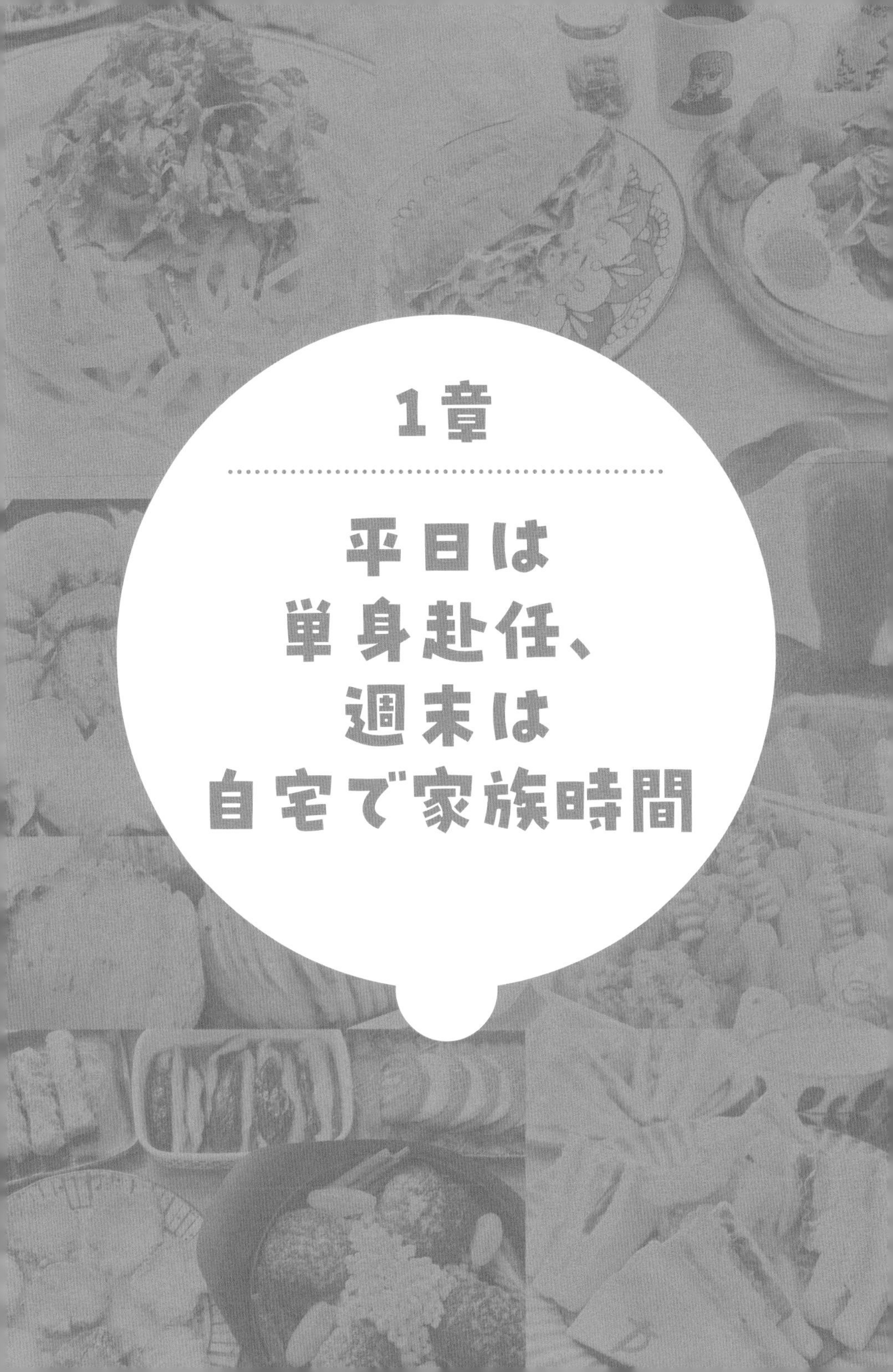

1章

平日は単身赴任、週末は自宅で家族時間

01 平日の単身生活、ひとりの過ごし方

2022年より転勤に伴い単身赴任となり、平日だけ地元の栃木を離れ埼玉県の川口市でひとり暮らしをしているのですが、自宅からは電車で2時間もかからない程度なので週末は毎週帰宅しています。帰ろうと思えば金曜の夜に帰宅出来るのですが、実際には土曜の午前中に帰ります。

というのも、自宅に帰ってしまうと常に何か家のことをしていて慌ただしくなるので、土曜の朝はひとりでゆっくり出来る貴重な時間であり、いつも朝ごはんを満喫しています。

私のひとり暮らしはとにかくシンプルで、調理器具だけは一とおりそろっているけど、それ以外は生活するうえで最低限のものしかなく、テレビもありません。部屋に遊びに来た同僚に「ミニマリストの部屋だ！」と言われたこともありました。ものがなくても、料理を楽しんで後片付けをして、日々の家事をこなしていると、

時間はあっという間に過ぎていきます。

ちなみに単身生活はとてもちゃんとしていて、洗濯物をためたくないから洗濯は毎日するし、部屋は常にきれいだし、キッチンの洗い物もためたことはありません。掃除機もしくはフロアモップはほぼ毎日かけているし、金曜の夜はキッチンのシンク、洗面所、浴室の排水口まわりの除菌までがセットです。

もし単身赴任おじさんの家事偏差値というものがあったとしたら、68くらいは取れると思います。

ただ、唯一苦手というかすごく面倒なのが掛け布団カバーを洗ってセットすることなんですが、洗う頻度は毎週というわけではないし、やればちゃんと出来るからよしとします。

単身赴任おじさんのキッチン（上）と、ミニマリストと思われるほどスッキリした部屋（左）

平日は仕事をして、帰宅後に料理などの家事をし、日によってはジムに行くという単調な毎日なのですが、年に何回か週の中頃の祝日というものがあります。そういう日は自宅には帰らず、必ずひとりで出かけています。

実は街歩きが趣味なんです。

スタートの駅だけ決めて、そこから沿線の商店街、カフェ、パン屋さん、公園、神社仏閣などを巡っていきます。

この街歩きのことを自分で「ちふ散歩」と呼んでいて、Instagramのストーリーズに載せているのですが、知らない街を歩くといろいろ発見があって楽しいです。歩くのが大好きなので電車に乗らずに線路沿いに数駅ウォーキングしたりもします。

この2年間で行った場所は西武池袋線練馬区周辺、小田急線世田谷区周辺、東急大井町線・池上線沿線、京王井の頭線杉並区・吉祥寺駅周辺、西武新宿線中野区周辺などです。

練馬区の三宝寺池や世田谷区の等々力渓谷では、東京23区内にこんな大自然が残っていることにとても驚いたし、世田谷区の住宅街を歩いていたら地元野菜の無人販売所がいきなり現れたりしたのも意外でした。

それと、小田急線祖師ヶ谷大蔵駅近くの洋食屋さんで食べたオムライスはバターの味わいが深く、つけ合わせのクリームコロッケは濃厚でサクサクでとても合っていて、感動的なおいしさだったのを覚えています。

世の中にはまだまだ知らないことがたくさんあると思うし、それを追求していったら今後の人生きっと楽しいだろうなと思います。

週ナカの祝日のチャンスはなかなかないけど、東京にはまだまだ知らない街がたくさんあるので、川口にいるうちにたくさん巡ってみたいな。

無人!?
野菜直売
自然～

02

週末の自宅時間、家族との過ごし方

平日は単身赴任で自宅には居ないため、週末に帰ったときは家族に自分の存在をなるべくアピールしたいと思っていて、帰宅途中の電車の中では、晩ごはんに何を作ったら家族に喜ばれるかウキウキしながらレシピを検索しています。

途中の乗換駅でも、家族の喜ぶ顔を思い浮かべながら、都会ならではのお菓子をお土産に買ったりするのも楽しいです。

とはいっても子どもたちが幼い頃とは違って、帰宅時に歓喜して出迎えてくれるわけではありません。

以前は週末ごとにみんなでどこかへ出かけたりしていたのですが、子どもたちが中学生になると部活が忙しいし、そもそも思春期なので一緒に出かけたがらなくなりました。

料理に加えてお菓子作りを始めたのは、そんな感じで休日に子どもたちから頼りにされなくなったのもきっかけの一つです。

それでも娘は高校生になってからは、中学生のときのようなとげとげしさが和らぎ、興味のあることに限ってはまた一緒に出かけてくれるようになりました。

私はいつも単身赴任先から土曜の午前10時頃に帰宅するのですが、まず寝ている娘を起こして、娘の大好きなスターバックスコーヒー（以下、スタバ）へ誘い出します。しかし娘は起床して支度をするのが面倒なので、誘っても最初は渋られるし成功する割合は3分の1程度にすぎません。

それでも成功して一緒に出かけると、車の中で1週間の出来事をたくさん話してくれるので嬉しいですね。

一緒にスタバへ行くといっても、駐車場で私がスマホのアプリからモバイルオーダーして、出来上がりの通知が来たら私が取りに行って、その後スーパーで私が買い物をしている間に娘は車内でスマホをいじりながら飲んでいるという感じで、私の分は注文していません（笑）。

スタバへ誘い出すのに失敗した場合はひとりで週末の食材の買い出しに出かけるのですが、成功率が低いとはいえ思春期の娘と出かけるきっかけになってくれているスタバってすごいなって思います。

中学2年生（2024年7月時点）の息子に関しては外出に誘っても絶対に乗ってこないし、普段の会話も少なめです。

思春期の子どもを持つお父さんは、きっとみんなこんな感じかなと思っています。でも大人になって社会人になったら、きっと子どもたちとの関係性も変わってくるのかなと想像したりしています。

いつか子どもたちとどこかへ酒を飲みに行けるような関係になれたらいいな。

平日は家のことが何も出来ないので、自宅に帰る休日は料理だけでなく掃除、洗濯など家事全般をやるようにしています。

妻も平日は仕事をしているのですが、インドア派であり休日はゆっくり休みたい感じなので、一緒に出かけることはあまりありません。

それでもたまに二人で地元栃木県の焼き物の街である益子へドライブに出かけたり、群馬県のスーパーに出かけたり、ふらりと日帰り乗り鉄旅をしたりしています。

私の自宅の周辺は農村地帯なのですが、近所に婿入りして兼業で農家を継いでいる働き者の人の話になり「よくやっているよね」と妻に話したら、「うちの婿もよくやっていると思うよ」とニコニコしながら言われ、私は婿ではないのですが、妻のちょっとしたひと言にすごく嬉しくなりました。

料理が好きになったのも褒め上手な妻のおかげなので、本当にありがたいなって思います。

妻と出かけた益子。夫婦ともに
益子の街と益子焼が大好き

自宅では料理などの家事、お菓子作り、家庭菜園など常に動いています。晩ごはんは品数が多いこともあって、キッチンでずっと立ちっぱなしで精神を集中しながら作業しているので、日曜夜に単身赴任先へ戻るときのやり切った感はすごいです。

心地良い疲労感によって日曜夜が一番ぐっすり眠れますね。

成功した日

03 チーフの1週間

月～金曜日
（ほぼ毎日同じ）

6時20分	起床
6時40分	朝食
7時20分	出発
7時50分	出勤
	日中は外回り営業で外出が多く、出先から直帰することも多い
18時30分	退勤
19時30分	途中、スーパーで買い物をして帰宅
20時00分	入浴後に酒を飲みながらひとり飯を作る
20時30分	ひとり飯を食べる
23時00分	就寝
	（部屋の掃除は日常的に行っています！）

土曜日

6時20分	起床→朝ごはんを作る（パン屋さんのパン＋目玉焼きなど）
7時00分	朝食
8時00分	単身赴任先から自宅へ向け出発
10時00分	自宅着、家に入る前に家庭菜園のパトロール。その後はキッチン全体の掃除、シンクの除菌、浴室排水口の除菌、トイレ掃除など暗黙の了解で自分担当になっている家事を淡々とこなす
12時00分	週末の食材の買い出し。うまくいけば娘を誘い出してスタバにも寄る
14時00分	家庭菜園の手入れやその他の庭仕事など
16時00分	晩ごはんを作る
19時00分	晩ごはん→洗い物
20時00分	入浴、洗濯などの家事
23時00分	就寝

日曜日

6時00分	起床→朝ごはんを作る
7時00分	朝食（妻と私の分）、子どもたちの朝ごはんは起きてきたら都度作る
日中	お菓子作り、パン作り、昼食作り、掃除、洗濯、家庭菜園、外出など
15時30分	晩ごはんを作る
18時30分	晩ごはん→洗い物、キッチンの清掃
19時30分	単身赴任先へ出発。夜の上り電車はとても空いているので駅で買ったアイスを車内で食べてInstagramのストーリーズに載せる
21時30分	単身赴任先へ到着
23時00分	就寝

04

平日のひとり飯

2022年2月から始まった平日だけの単身生活。

単身赴任が決まると会社が住まいを探していくつか候補を出してくれます。その中にあまり広くないけど築年数が浅く私好みのシンプルなデザインのキッチンが付いた物件があり、そのときに即決したのが今住んでいる単身向けマンションです。

オール電化住宅なのでコンロはIHでしかも1口しかなかったのですが、ひとり暮らしにはちょうどいいサイズのキッチンでした。

鉄製の白い壁面だったので「もしや」と思ってキッチンタイマーの磁石を近づけてみたらカチッとくっ付いたので、マグネットパネルのキッチンだということが分かりました。

そこでさっそくニトリへ行ってマグネットのキッチンツールフック、スパイスラック、キッチンペーパーホルダーなどを買ってきて壁面に付けてみたら、とてもかわいいキッチンが出来上がりました。

これがXに投稿してバズった「ひとり暮らしのおっさんのキッチン」（「平日の単身生活、ひとり暮らしの過ごし方」P10参照）です。


ひとり暮らしの調理道具の多くはニトリや100円ショップでそろえたのですが、毎日のように使う両手鍋とケトルは特にこだわってホーロー製のかわいいデザインのものを買いました。

楽しく料理をするには道具も重要です。

愛用しているレトロな
調理器具や食器

以前に京都で単身赴任したときはほぼ定時に退勤して時間があったし、また3ヶ月だけの期間限定だったこともあり、毎日帰宅後にごはんを炊いて一汁二菜を作るという生活をしていました。

今回の単身赴任でも最初はそのようにやってみたのですが、作るのに時間がかかったり、ひとり分を作ろうとすると食材が余ってしまったりして、料理を楽しみたいと思う反面ちょっと大変だなと感じるようになりました。

そこでひとり分でも作りやすいパスタにチャレンジしたり、スパイスカレーのベースであるグレイビーをまとめて作って小分けして冷凍保存したり、簡単に作れる食材をカルディコーヒーファームで探したりするようになりました。

その後は副菜にスーパーの割引総菜やカット野菜、冷凍食品やコンビニのレジ横の揚げ物なども活用しながらゆるく無理なく自炊を続けています。

ちなみにひとり飯用にいつもストックしているのは、大きめサイズの冷凍エビです。パスタ、スパイスカレーのほかタイ料理、上海焼きそばなどでも頻繁に使っています。

週末に作るごはんは家族の好き嫌いなどを考えながら作るのでそれなりに気を遣うのですが、ひとり飯は自分の食べたいものだけを自由に作れるのが良いです。

私はスパイスカレーやタイ料理などのアジアごはんが大好きなのですが、家族が好まないので今回単身赴任をするまでは作ったことがありませんでした。

平日は具材を変えていろいろなスパイスカレーを作ったり、パッタイやガパオライス、ナシゴレンを作ったりしてひとり飯を満喫しています。

献立は麺類やスパイスカレーなどのメイン＋出来合いの副菜＋サラダというのが基本で、週末の家族飯と違って短時間で出来上がります。

仕事が終わると帰り道にお気に入りのスーパーに寄るのですが、何を作ろうか考えるこのひとときが毎日待ち遠しいです。

自炊が楽しくなると毎日の生活が充実します。

私は料理で平日も週末も楽しめているので、今の生活は幸せだなって思っています。

ベーコンエッグうどん

材料（1人前）

冷凍うどん……1玉
ハーフベーコン……1パック
卵……1個
醤油またはだし醤油……適量
粗びき黒コショウ……適量

作り方

1 冷凍うどんをレンジでチンする
2 ベーコンを食べやすい大きさに切り、フライパンでカリカリに焼く
3 フライパンで目玉焼きを焼く
4 温めたうどんに目玉焼きとベーコンをのせて粗びき黒コショウと醤油をかける

チーフのつぶやき

目玉焼きは弱火でレアめに焼きます。焼いている途中にフタを開けると黄身に白い膜が張らず曇りません。仕上げはだし醤油ならより最強なおいしさに。冷凍うどんであっという間に出来上がります！

05

ひとり飯の救世主〝パスタ〟

もし単身赴任することがあったら、家族の好みを気にせず自分の好きなごはんを作ってみたいなっていう願望がありました。Instagramで立体的に美しく盛り付けられたパスタの写真を見て、こういうのを絶対やりたい！と密かに憧れていたからです。

自宅では子どもたちが好きなナポリタンくらいしか作ったことがなかったんですが、赴任先でひとり飯を作るようになってパスタソースを使ってみたら、簡単にお店の味に仕上がったのでめちゃくちゃ驚きました。

最初に作ったパスタは「春キャベツとベーコンのオイルパスタ」。このときに初めて「塩分濃度1・5％のゆで汁を加えてオイルを乳化させる」という工程を覚えました。水分と油分がいい具合に一つになってとろみがつき、オイルとパスタの一体感が生まれて味も食感も自分好みの塩梅になって感動しました。

具材、パスタ、パスタソースの組み合わせでいろいろなバリエーションが楽しめて、洗い物も少ないところが気に入っています。

これまでにさまざまなパスタを作ってきたけど、一番好きなのは瓶入りのトマトパスタソースと鶏団子で作る「ミートボールパスタ」。フォロワーさんは某アニメ映画のイメージが強いみたいで、作ってXに投稿するたびにたくさんのコメントが付くのも嬉しいです。


私のパスタの基本的な作り方は、まずフライパンでたっぷりめのオリーブオイルで具材を炒めてパスタソースを加える、そして表示よりも2分くらい早めにゆで上げたパスタと多めのゆで汁を加えてソースがもったりするまで水分を飛ばすように炒める、という感じ。こうするとソースの味がパスタと具材にしっかり染み込んで、ソースがとろーり濃厚になって、それはそれはおいしいんです。

あと、パスタの盛り付けのポイントは、メインの具材を最後にまとめて盛り付けること。こうすると具だくさんで華やかになり断然おいしそうに見えます。

でも麺の盛り付けはまだ思うように出来ていなくて、Instagramでよく見るおしゃれパスタみたいに流れるように高く立体的に盛り付ける技術を知りたいなって思っています。

パスタを作るようになってからはパスタ向きの器を選ぶのも楽しくなって、大きめのプレートやリム皿をいろいろ買い集め、その中でも特にお気に入りの益子焼作家さんのかわいい器をヘビロテしています。

平日の単身生活ではパスタばっかり作っているんだけど、よく考えたらパスタって炭水化物メインで、運動をサボっていると明らかに体重が増えてしまうことに気づきました。

でもパスタを投稿するとたくさんの方々から反応がもらえて交流も増えるので、ジム活しながらパスタ生活をずっと満喫したいな。

ミートボールパスタ

材料（1人前）

パスタ……100g
冷凍か冷蔵の肉団子……好きなだけ
瓶入りトマトパスタソース……1/2本（約160g）
オリーブオイル……大さじ1/2

チーフのつぶやき

肉団子とパスタソースで簡単に作れるのに、おもてなし料理っぽい見た目と味に仕上がります。肉団子は鶏肉の安いやつでも十分おいしいです。ゆで汁を加えてパスタを炒めることでよりパスタとソースがなじみます。

作り方

❶ 肉団子をレンジでチンしておく

❷ 約1％の塩分濃度でパスタを固めにゆでる（所定の時間より2分程度短め）

❸ パスタをゆでながらフライパンにオリーブオイルとパスタソースを入れ、中火にかけ肉団子を加える。肉団子にソースをからめる

❹ ③にゆで上がったパスタと1/2カップ程度のゆで汁を加えて、ソースがもったりするまで水分を飛ばすように菜箸かトングで炒める

❺ 器に盛り付けて、あれば乾燥パセリを少々ふりかける

簡単クリームパスタ

材料（1人前）

パスタ……100g
好みの具材……適量
バター……15g
小麦粉……大さじ1
牛乳……250cc
コンソメ……1個
（顆粒タイプは小さじ2）
塩……少々
粗びき黒コショウ……少々

作り方

1. フライパンにバターを入れ中火で具材を炒める
2. 火を止め小麦粉を全体にかけてへらでなじませてから牛乳を少しずつ加える
3. 再び中火で加熱しコンソメと塩を入れる
4. 約1%の塩分濃度でパスタを固めにゆでる（所定の時間より1分程度短め）
5. ゆで上がったパスタを投入し少しとろみがつくまで加熱する
6. 器に盛り付けて粗びき黒コショウをかける

チーフのつぶやき

家にある材料で簡単に作れます。私はほうれん草、小松菜、チンゲンサイ、白菜など季節の葉物野菜＋ベーコンで作ることが多いです。生クリームを使うレシピほどコクは出ないけど、これで十分おいしいです。

シーフードトマトパスタ

材料（1人前）

冷凍シーフード……適量
パスタ……100g
瓶入りトマトパスタソース……150g
にんにく……1かけ
オリーブオイル……大さじ1

作り方

❶冷凍シーフードを解凍する

❷フライパンにオリーブオイルと潰したにんにくを入れ弱火で加熱する

❸②に解凍したシーフードを加え火を通し、トマトパスタソースを加えて軽く混ぜてから火を止める。シーフードはいったん取り出しておく

❹約1％の塩分濃度でパスタを固めにゆでる（所定の時間より1〜2分程度短め）

❺③に④と1/2カップ程度のゆで汁を加えて、中火でソースがもったりするまで水分を飛ばすように菜箸かトングで炒める

❻器に盛り付けシーフードをのせる。あれば乾燥パセリを少々ふりかける

チーフのつぶやき

冷凍シーフードは塩水で解凍すると水分が抜けにくくプリプリに仕上がります。火を通したシーフードをいったん取り出すのは、過加熱による縮みを防ぐためです。盛り付けるときは、最後にシーフードをのせるようにすると見た目が良いです。

① いかのたらこマヨパスタ
② 明太子パスタ
③ ナスとモッツァレラチーズの
ボロネーゼ
④ ハンバーグパスタ
⑤ ボロネーゼ
⑥ 白菜とベーコンのクリームパスタ
⑦ 明太クリームパスタ

①	②	③
④	⑤	⑥
		⑦

06

週末の家族飯

ＳＮＳのプロフィールに「週末料理を担当しています」と書いていますが、結婚した当初から担当していたわけではなく、娘の幼稚園のお弁当作りをきっかけに料理を始め、それが楽しくなって週末の晩ごはんを作るようになりました。

週末料理を担当するようになってすぐは、料理に関する知識が全くなかったのでクックパッド頼みでした。今ではクックパッド以外のレシピサイトも活用していますが、レシピを検索して保存していくというスタイルは当時から変わっていません。知識がなくてもレシピ通りに作ればおいしく出来上がることに驚いたし、妻が「おいしい」と褒めてくれるのが嬉しくて、「週末のキッチンは俺に任せろ」という感じになっていきました。

週末の献立は土曜日に帰宅する電車の中でレシピ検索をしたり、食材の買い物をしたりしながら決めることが多いです。

基本的には子どもたちの好きなハンバーグ、コロッケ、春巻き、肉団子、グラタンなどの定番をメインに据えて、もう一つのメインで新しいレシピにチャレンジしています。

だいたいいつもメイン2品＋サブ2品の計4品くらい作るのですが、妻の好きな葉物野菜のおひたしは高頻度で登場します。

農産物直売所が好きで、自分でも野菜を育てていることもあって、季節の野菜を使ったごはんもよく作ります。

過去に作ったものをInstagramで振り返ることがあるのですが、自分が作る週末ごはんは季節感があっていいなと自画自賛しています。

マイホームを建てるとき、キッチンはそれなりにこだわりました。

コンロはＩＨながら3口あり、シンクも作業スペースも広めです。

私も妻も高身長でキッチンの高さを高めに設定したこともあって使いやすいです。

建てた当時は自分がこんなに料理をするとは思っていなかったのですが、こだわって良かったと思っています。


料理が楽しくなるにつれ、調理器具にもこだわりたくなっていろいろ買いそろえていきました。

そのうちのいくつかをご紹介します。

staubのココット オーバル

重い鋳物製のホーロー鍋で蓋もすごく重いのですが、熱伝導が良く煮込み料理で本領を発揮します。無水調理が出来る点も良いです。大きい鍋なのですが、楕円形で食卓での収まりが良いのもポイントです。

肉じゃが、カレー、おでんのときに食卓に登場します。

この鍋は料理初心者の頃にずっと欲しいと思っていたのに、値段が高くてなかなか買えずにいました。

そんなとき当時7歳の娘が七夕の短冊に「いつかあのおなべがかえますように パパ」と書いてくれて、その後に妻の許しも得て買えたという思い出深い鍋です。

○富士ホーローのキャセロール

ホーロー製の両手鍋になりますが、私が使っているのはグリーンでデザインがかわいいので食卓で映えます。特に秋冬はスープや鍋物で登場回数が多いです。

○ティファールの圧力鍋（今は恐らく廃番のもの）

主に野菜を蒸すときに使います。

ポテトサラダやコロッケを作るときは圧力鍋でじゃがいもを蒸すのですが、食材の自然な甘さが出てとてもおいしくなります。

実は圧力鍋が本領発揮するのは炊飯で、最近あまり作っていないのですが、圧力鍋でおこわや赤飯を炊くと炊飯器で炊くよりも粘りが出ておいしいです。

○柳宗理のオイルパン

浅型の南部鉄器です。私はハンバーグを焼くときにコンロで両面に焼き目をつけてからオーブンで焼いているのですが、このオイルパンにのせてオーブンで焼き、そのまま食卓に出しています。すき焼きにも使っています。

娘の願い

ある週末の
チーフ家の
晩ごはん

メインは無水肉じゃが
(staubのココット オーバルを使用)

メインは
肉団子鍋
(富士ホーローのキャセロールを使用)

メインはオーブンで仕上げる
ハンバーグ
(柳宗理のオイルパンを使用)

コロッケ、生春巻き、とうもろこしの唐揚げ、
とろ〜りナスの黒酢漬けなど

ミートパイ、
エビとアスパラのガーリック炒め、
夏野菜の揚げ浸し、悶絶ポテトなど

鶏むね肉の照り焼きチキン、手羽元の唐揚げ、
かぼちゃの甘煮、きゅうりとツナのごま和え、
舞茸の天ぷら、空芯菜の炒め物など

チーフのつぶやき

週末の晩ごはんは品数とボリュームで勝負しつつ、彩りも考えています。

週末ごはんを作るときは、まず初めにその日に使う材料をキッチンに並べて投稿するのですが、そのときに登場する丸いまな板は友人からのいただきもので、ネット通販もしていないというレアなものです。

桐製で直径34㎝と大きく、切った食材を複数のせて置けるので便利です。手前が直線になっているのでキッチンにも置きやすいし、使わないときは立てておけます。

厚みがあるので、傷が目立ってきたらかんなで表面を削ってしまいます。木のまな板は「トントントン」という軽快な音が良く、使うだけで料理上手になった気分になるのでおすすめです。

私はいまだにレシピがないと料理が出来ないため、アレンジはほぼせず工程も分量も全てレシピ通りに作るので、キッチンにははかるための道具がたくさんあります。デジタルキッチンスケール、デジタル温度計、30㎝の竹尺、キッチンタイマー3個、計量カップ3個、計量スプーン多数などです。

竹尺は野菜などをレシピ通りの長さに切るために使うのですが、目分量でしか料理をしない妻にその姿を見られて笑われたことがあります。

私の性格は大雑把なのですが料理に関してはなぜか几帳面なので、いくら笑われようとこれは変えられないと思います。

また、週末ごはんに登場する器はほぼ益子焼です。

料理を始めた頃は気づかなかったのですが、SNSに載せるために写真を撮るようになってから料理は器も重要であるということが分かり、今までほとんど買ったことがなかった地元栃木県の益子焼を集めるようになりました。

益子陶器市に行ったこともあるけど私は普段の静かな益子の街の雰囲気が好きで、定期的に妻と訪れてごはんを食べたり器を買ったりしています。

益子焼のあの温かみのある感じが好きです。

平日のひとり飯は時間をかけずに簡単に作りますが、週末ごはんは酒を飲みつつ調理工程を楽しみながらゆっくり作っています。

夕方のまだ明るいうちからキッチンで飲む酒が一番うまいです。

休日に自分の趣味に没頭すると家族に怒られがちですが、料理なら怒られるどころか逆に感謝されるので、料理に出会えて本当に良かったと思っています。

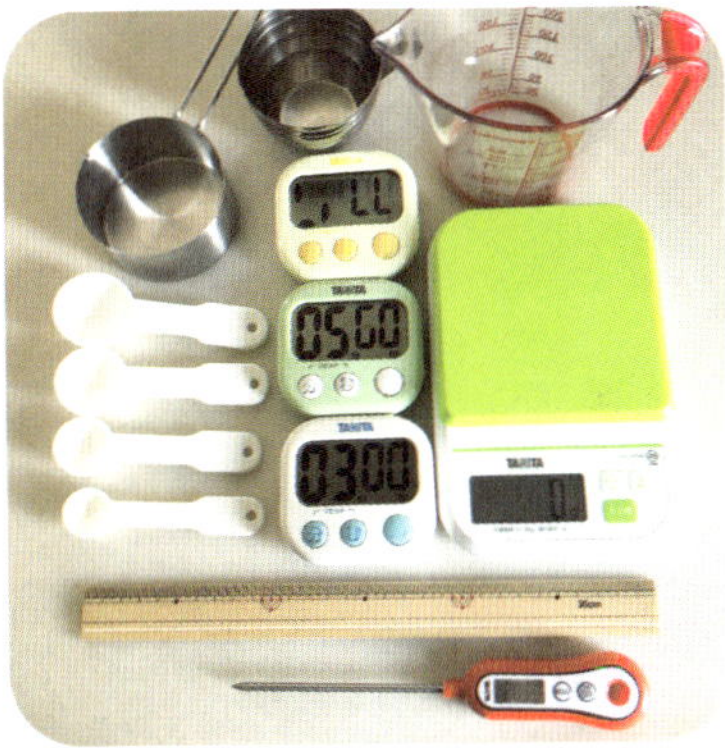

レシピ通りに調理するために活躍する、はかるための道具たち

厚みのある桐製のまな板。一時的に使わないときは立てておけるのでキッチンを広く使える

ハッセルバックポテト

材料（3個分）

大きめのじゃがいも	3個
オリーブオイル	大さじ2
すりおろしにんにく	1かけ分
塩	小さじ1/2

作り方

❶ オリーブオイルに塩とすりおろしにんにくを加えてよく混ぜる

❷ じゃがいもをよく洗い皮つきのまま2～3㎜間隔で深い切り込みを入れる

❸ じゃがいもを耐熱容器に入れ、切り込みの隙間に①を流し込む

❹ 220℃に予熱したオーブンで45分焼く

チーフのつぶやき

③では切り込みを1枚ずつめくりながら丁寧に①を流し込んでいきます。味付けはにんにくと塩だけで、シンプルにじゃがいものおいしさを味わえます。じゃがいもはもちろんホクホクです。塩はハーブソルトでも良いです。

えのきの唐揚げ

材料（1人前）

えのき	好きなだけ	すりおろしにんにく	少々
片栗粉	適量	すりおろししょうが	少々
醤油	適量	油	大さじ3
酒	適量		

作り方

1. えのきは石づきを落とし適当な大きさの束に分ける
2. ボウルに醤油、酒、にんにく、しょうがを入れよく混ぜる
3. ビニール袋にえのきと②を入れ10分程度おいて下味を付ける
4. 軽く汁気を切った③に片栗粉をしっかりまぶし、数分おいてなじませる
5. 熱したフライパンに油をひき④を入れ、カリっとするまで両面揚げ焼きにする

チーフのつぶやき

サクサクカリカリに仕上がります。濃いめの味付けで米にもビールにも合う!

とうもろこしの唐揚げ

材料（1人前）

とうもろこし	1本	バター	15g
片栗粉	適量	揚げ油	適量
醤油	少々		

作り方

1. とうもろこしを半分の長さに切ってさらに縦に四つ割りにする（少し力が必要なので注意して切る）
2. ①を軽く水に通してから片栗粉をまんべんなくまぶし数分おく
3. 180℃の油で約2分揚げる
4. ボウルに③を入れ醤油とバターを入れて和える

チーフのつぶやき

とうもろこしの芯は取り除かず一緒に揚げます（芯は食べません）。水を通してから片栗粉をまぶし数分おくことで、片栗粉がなじみやすくなります。

味噌入り餃子

材料（25個分）

★	豚ひき肉	100g
★	キャベツor白菜	1/4個
★	ニラ	1/2束
★	にんにく	1かけ
★	しょうが	1かけ
★	味噌	大さじ1
★	醤油	大さじ1
★	ごま油	大さじ1
★	片栗粉	大さじ1
	餃子の皮	25枚
	仕上げのごま油	適量
	油	適量

チーフのつぶやき

味噌を入れることでしっかりと味が付きます。食べるときはタレ少なめか酢・ラー油のみがおすすめ。そのままでも◎。

作り方

❶ キャベツor白菜を粗みじん切りしてから塩小さじ1/2（分量外）で塩もみし、10分おいてから水分をギュッと絞る

❷ ニラは粗みじん切り、にんにくとしょうがは細かくみじん切りする

❸ ★の材料をボウルに入れ、粘りが出るまで混ぜる

❹ ③を餃子の皮で包む

❺ フライパンに多めの油をひき、中火で1分焼く。水50cc（分量外）を入れフタをして5分蒸し焼きにする

❻ フタを外して水分を飛ばしながらごま油適量を外側からひと回しし、カリッと焼いて出来上がり

ツナマヨチーズ揚げ餃子

材料（個数によってお好みで）

ツナ缶	適量
マヨネーズ	適量
シュレッドチーズ	適量
餃子の皮	適量
揚げ油	適量

作り方

❶ 油を切ったツナ缶にマヨネーズを加える

❷ 餃子の皮に①をのせ、さらにシュレッドチーズをのせて包む

❸ 170℃の油で約1分揚げる

チーフのつぶやき

コショウをかけて食べるのがおすすめ。ツナマヨには玉ねぎのみじん切りを加えてかさ増ししても良いです。

枝豆ポテトチーズ揚げ餃子

材料（個数によってお好みで）

じゃがいも	適量
冷凍枝豆	適量
シュレッドチーズ	適量
餃子の皮	適量
塩	適量
揚げ油	適量

作り方

❶ じゃがいもを蒸して潰す（電子レンジで調理してもOK）

❷ ①に解凍した枝豆と塩を加えて混ぜる

❸ 餃子の皮に②をのせ、さらにシュレッドチーズをのせて包む

❹ 170℃の油で約1分揚げる

チーフのつぶやき

子どもたちに喜ばれるし、ビールのつまみとしても最高です！

07

ひとりと家族の朝ごはん

私のSNSのプロフィールにある「週末料理を担当しています」には朝ごはんも含まれていて、料理を始めた当初から休日の朝ごはんを作っています。

まだ家族が誰も起きていない静かなキッチンは居心地が良かったし、妻も朝の眠りの浅い時間帯にキッチンから包丁の「トントントン」という音がかすかに聞こえてくるのが心地良いそうです。

初めのうちは晩ごはんのようにおかず数品と味噌汁を食卓に並べて家族全員で食べていたのですが、子どもたちは成長するにつれて休日は朝早く起きてこなくなりました。なので、日曜の朝ごはんは基本的にはあまり手間をかけず単品勝負で、サンドイッチやおにぎりなどを私と妻の2人分作り、子どもたちには起きてくるタイミングで、食べたいものを作ってあげるというスタイルになっています。

チーフ家の休日朝ごはん

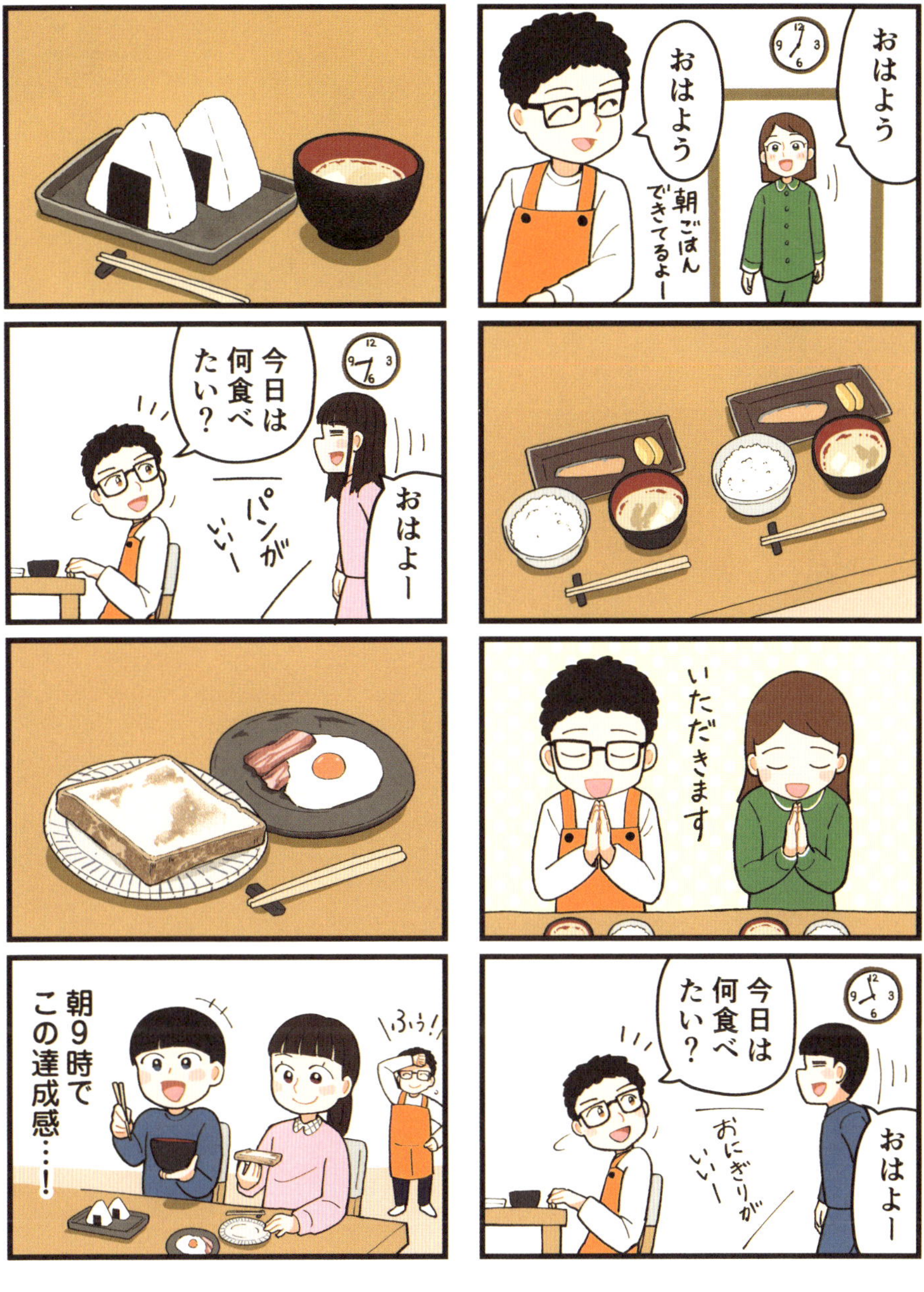

チーフ家の朝ごはん「サンドイッチ編」。季節の野菜を使いつつ、断面の美しさにもこだわっている

チーフ家の朝ごはん「おにぎり編」。
「食べたい！」と思わせるような、白米に合う具材を選んでいる

断面の美しいボリューミーなサンドイッチが得意なのですが、最近は巻き寿司の作り方をマスターし、自宅での休日朝ごはんのバリエーションが増えました。

休日のスタートである朝ごはんは、時間を気にせずゆっくり食べられるとても貴重な時間だと思っているので、これからも大事にしていきたいです。

たまに日曜の朝4時頃に目覚めてしまうことがあり、そんなときは早起きしてパン生地を仕込み、クラムチャウダーとともに焼きたてちぎりパンが食卓に出るという最高の朝ごはんとなることもあります。

娘が中学生のときは土曜の朝に、部活の早朝練習に行くための朝ごはんを作っていました。

野菜嫌いな娘の朝ごはんはどうしても作るものが限られてしまうのですが、卵焼き、ベーコン、イシイのミートボール、コーンスープという変わらぬスタイルで満足してくれていたようです。

朝は娘も忙しいし思春期だし、会話らしい会話はしないのですが、この部活の日の朝ごはんでつながっていた感じがして嬉しかったです。

平日は単身生活になってから、赴任先での土曜の朝ごはんも楽しみになりました。パン屋さん巡りが好きなのですが、仕事で東京都内へ行くことが多くなり、有名店にも立ち寄れるようになりました。

そこで買ってきたパンを冷凍しておき、目玉焼き、ベーコン、ヨーグルト、コーヒーを添えて土曜の朝ごはんにしています。フォロワーの方々にとっては、パン屋さん紹介の投稿にもなっているようで、「行きたいパン屋さんがどんどん増えていく」などのコメントをいただくことがあります。

ちなみに週末料理を担当し始めて4年くらい経った2015年の初夢は、休日なのに妻が朝食を作っていて私の出番がなくがっかりしたというものだったのですが、これは今のところ正夢になっていないので良かったです（笑）。

ちぎりパンとクラムチャウダーが並ぶ豪華な朝ごはん

土曜のひとりの朝ごはん。いつもパンと目玉焼きの組み合わせ

!
そ…!っ
さすが!
朝ごはんできてるよーっ
おいしそー
がばっ

08

ひとりと家族の昼ごはん

平日のひとりの昼ごはん

営業職なので平日の昼ごはんは外で食べることが多いのですが、よく行く地域でお気に入りのお店を見つけておくようにしています。

そうすれば大変な仕事の中でも楽しみが生まれて「頑張ろう！」という気持ちになります。

東京都内でもお気に入りのお店がたくさん出来たし、仕事でよく行く銚子の魚料理のお店や高崎のパスタもいろいろと開拓しました。

平日の昼ごはんはXには投稿していないのですが、実はInstagramのストーリーズに写真を載せたり、Threadsに食レポを載せたりしています。

外出しない日は社員食堂で昼ごはんを食べるのですが、我が社の社食は安くてレベルが高いです。

日替わり定食だけでなくラーメンのレベルも高くて、週2回あるラーメンの日に会社に居たら必ず注文します。

社食がおいしい職場はありがたいです。

○週末の家族の昼ごはん

成長するにつれて子どもたちが起きてくるのが遅くなってしまい、朝ごはんのタイミングがバラバラで遅いので、家族全員で昼ごはんを食べる機会も以前ほどはないのですが、基本的に外食はせず私が作っています。

昼ごはんは麺類が手軽で作りやすいので、焼きそばやパスタなどを作る機会が多いです。

フライパンのまま食卓に出して、各自で好きなだけ器に盛り付けるというスタイルです。

エビピラフやオムライスを作ることも多いです。

子どもたちが遅く起きてきて朝も昼も遅い時間に食べて、晩ごはんの時間にあまりお腹がすいていないという状況がしばしばあるのが、最近の悩みでもあります。

やはり朝も昼も家族全員で普通の時間に食べて、晩ごはんは空腹の状態で迎えてもらうのが理想です。子どもたちに「ごはんまだ？」と急かされるくらいがいいですね。

パスタはフライパンごと食卓へ。各々が好きな分だけ食べられるし洗い物も減らせる

ある週末のチーフ家の昼ごはん

「オムライス」
子どもたちが大好きなメニューで
よくリクエストされる

「焼きそば」
3食パックの麺と冷蔵庫に
ある食材で簡単に作る

「エビピラフ」
炊飯器を開けたときの香りが
たまらない

チーフのつぶやき

昼ごはんは手間をかけずに単品勝負で子どもたちが好みそうなものを作ります。

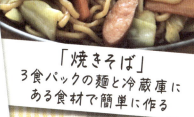

09

京都での初めての単身赴任

私はメーカーで営業担当をしていて自宅から通える栃木県の事業所にずっと勤務していたのですが、２０１９年の10月から３ヶ月限定で京都の事業所に支援という形で勤務することになりました。

これが初めての単身赴任です。

ひとり暮らしは学生の頃にしていたし、日常生活の身の回りのことは全て自分で出来たので、不安は全くなくむしろ新しい職場と新生活へのワクワク感が強かったのを覚えています。

嬉しすぎて京都に着いたその日の夜に四条河原町の渋めの立ち飲み屋へ行き、自由の翼を手に入れた気持ちになりました。

会社が借りてくれたアパートは単身者向けですごく狭かったのですが、家具も家

自炊が楽しくて、朝ごはんの目玉焼きを顔のかたちにしてみたり…

京都での単身生活の狭いキッチン

電も付いていたし、ひとりで暮らすには十分でした。

狭いキッチンながらもひとり飯を作れることが嬉しくて、朝も夜も自炊をしてSNSに投稿していました。

実はこの頃に料理をしながら動画配信サイトで生配信もしていました。

当時はフォロワー数も少なかったので気楽な気持ちで配信していました。今やったらきっとたくさんの人が来てくれるだろうけど、緊張して怖くて出来ないと思います(笑)。

それと京都の相互フォロワーの弁護士の

方とお会いすることが出来て、ひとり暮らしの我が家へご夫婦で来ていただいて、ゆで豚やむね肉の塩唐揚げなど食べきれないくらいたくさんの料理を振る舞いました。その弁護士の方には、京都のおいしい餃子、鉄板焼、おばんざいなどいろいろなお店に連れて行ってもらいました。

京都の銭湯文化も教えていただき、サウナ付きの昔ながらの銭湯に何度も通い詰めました。

また当時の京都はパンの消費量が日本一だったようで、レベルの高いパン屋さんがたくさんあり、パン好きの私は多くのお店を巡りました。

中でも京都市内にチェーン展開している志津屋のカルネというハムと少量の玉ねぎだけがサンドしてあるパンにはまってしまい、週に3個は食べていました。

非常にシンプルなのですが、オリジナルのマーガリンとパンの相性が良くクセになります。

このカルネは新大阪駅の売店でも買えるそうです。

京都の事業所は大阪市内も営業エリアに入っていたのですが、得意先とのアポイントが夕方のときは、その後ひとりで酒場へ直行するということもしていました。

立ち飲みといえば単に安く飲めるところというイメージだったのですが、天満、裏なんば、谷町六丁目などを巡り、安いのに料理のクオリティが高すぎる大阪の立ち飲み文化の素晴らしさを実感しました。

私はそれまで西日本といえば神戸までしか行ったことがなかったのですが、せっ

かく京都にいるうちにいろいろなところを巡りたいと考えて、週末ごとに早朝の電車に乗り込んで各地を旅しました。

行った場所は尾道、広島、今治、坂出、境港、出雲、福井、天橋立、神戸、和歌山、伊勢、長浜などです。

私はいわゆる乗り鉄で、電車に乗っているだけでも楽しいので、京都からの移動はほとんど普通列車でした。関空から片道4000円くらいのLCCで福岡へ飛び、さらに普通列車で長崎まで行った週末もありました。

旅の目的は食べ物と酒で、各地のうまいお店を調べて食べ歩いたり、酒蔵を巡って試飲したりしていました。

基本的には目的地だけを決めて、寄るところをネットで調べながら途中下車をするというスタイルです。

天橋立に向かうときに京都丹後鉄道の丹後由良駅で降りたのですが、そこで見つけたハクレイ酒造という小さな酒蔵の雰囲気が良く、試飲した季節酒がすごくおいしかったのを覚えています。

河口近くで水面スレスレに走る由良川橋梁の景色も素晴らしかったです。

ひとり旅の醍醐味は、気ままに行動しながらいろいろな発見が出来ることだと思います。


定年退職後にこういう旅をしてみたいとずっと思っていたのですが、今思うと京都にいた3ヶ月間でやり切ったというか満足してしまいました。

勤務先の定年が65歳に延長になってしまったので定年はまだまだ先なのですが、そのときは妻を旅に連れて行ってあげたいなと思っています。

チーフが京都での単身赴任中に堪能したおいしいもの！

伊勢うどん

濃いめのつゆが太くて
柔らかいうどんによく絡む

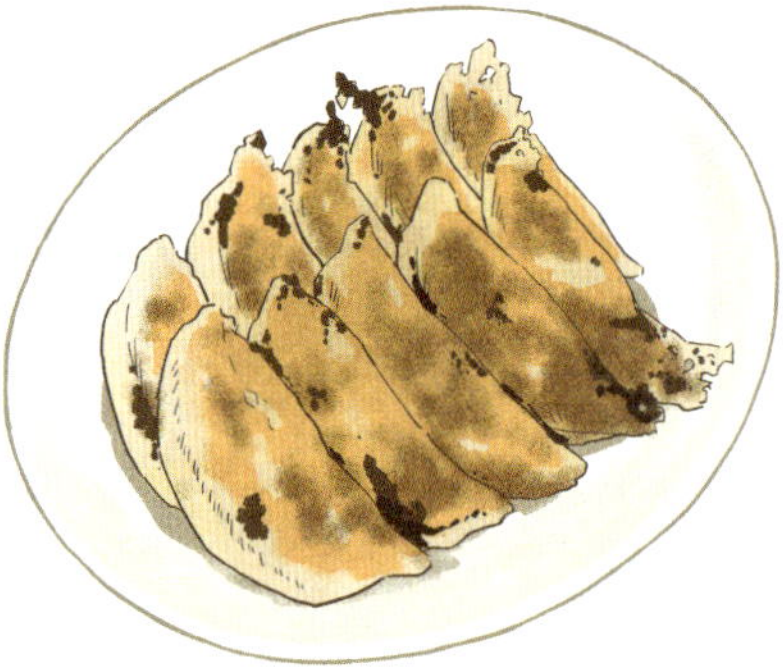

京都の餃子

皮パリパリで肉の旨みがよく出てる

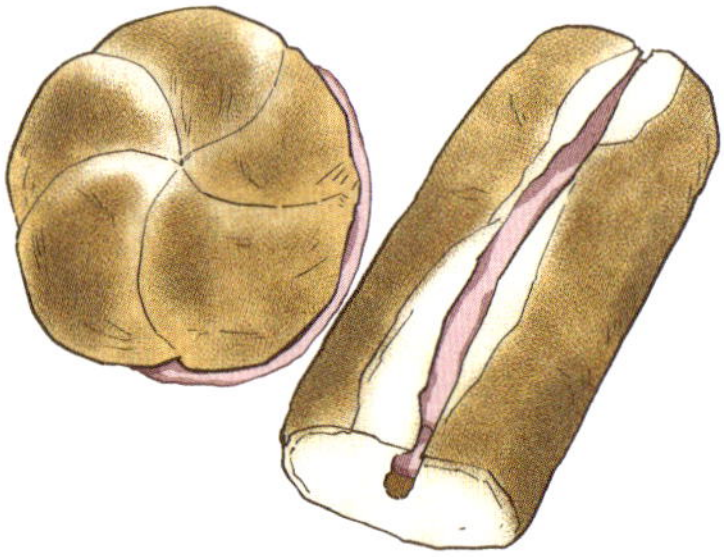

志津屋のカルネとミニカスクート

オリジナルマーガリンがとにかくおいしい

福井のソースカツ丼

細挽きパン粉のサクサクトンカツと
甘辛ソースが絶妙

チーフのつぶやき

その土地のおいしいものを調べて食べ歩きました。旅の醍醐味ですね。

今治の焼豚玉子飯

焼豚と甘いタレと玉子を絡めながら
食べる白飯が最高にうまい

10 子どもたちとお弁当

私の料理の原点はお弁当作りです。

実は結婚するまで料理は全く出来ず、結婚してからも調理師免許を持つほど料理上手な妻のおいしいごはんを食べるのみだったのですが、転機は下の息子が生まれた2010年にやってきました。

そのとき上の娘は3歳で幼稚園に通っていて、基本的には給食が出るのですが、月曜日だけはお弁当を持参するというスタイルでした。

当時も料理以外の家事はやっていたのですが、家族が増えたからにはもう一歩踏み込んで家事をしなければならないと思い、それで始めたのが娘の幼稚園のお弁当作りでした。

最初は冷凍食品を数品詰め合わせる程度だったのですが、幼稚園生のお弁当箱は小さかったので作るのは意外と楽でした。

何より娘との「今日のお弁当どうだった？」というコミュニケーションが楽しかったし、「おいしかった」と言われるのが嬉しかったんです。

当時、幼稚園で流行っていたキャラ弁を娘からリクエストされたこともありました。「パパは見た目ではなく味で勝負するよ！」と言ったら、ちょっと残念そうな顔をしていたのを覚えています。

娘が卒園した後は息子が入園したのでお弁当作りはそのまま続けていたのですが、幼稚園弁当のついでに自分のお弁当も作れば、外食するよりも節約になるかなと考えるようになりました。

実際にやってみたらお弁当作りは1人分でも2人分でも手間はほとんど変わらず、食費も節約出来ていいことだらけでした。自分のお弁当を作り始めてからはお昼が来るのが待ち遠しくなって午前中から頑張れるし、午後の活力にもなるということを知って、幼稚園のお弁当がない日も自分の分を作っていました。

2014年に初めて投稿した
息子と自分のお弁当。
いいねは今でも1のまま

2013年に作った
最初で最後のキャラ弁

お弁当作りも少しずつ上達していき、詰め方や彩りもきれいになっていった

チーフのつぶやき

野菜嫌いの子どものお弁当作りは彩りが
難しくていろいろと試行錯誤しました。

お弁当の食材を買うようになって、スーパーには閉店間際の値引きがあるということを知ったのもこの頃です。仕事帰りにスーパーに寄っては鮮魚精肉の半額商品を買い漁り、お弁当作りに活用するようになって、さらにおかずのレパートリーが増えてどんどん楽しくなっていきました。半額の食材を手に入れると夜な夜な作り置きもするようになって朝のお弁当作りが時短出来るようになり、平日のごはん作りも楽になると妻にも感謝されるし、一石二鳥でした。

また、お弁当を作るときは色合いも気にします。

黄、赤、緑の食材を入れると見た目が良くなるのですが、我が家では幼稚園生のお弁当に緑の野菜を入れると残されてしまいました。

そこで考えた技は、先端にマスキングテープを貼って旗にした爪楊枝に枝豆を刺して入れることでした。枝豆なら子どもたちも食べてくれるし、お子様ランチのようなアクセントにもなるので多用していました。

私がお弁当を作れば妻はその分早起きしなくて済むということもあり、お弁当作りに関しては結構私を頼りにしていたようです。

春休みや夏休みなどの長期休みの際は毎日「預かり保育」というものに息子を通わせていたのですが、その期間は給食がなく毎日お弁当が必要でした。

ある日、春休みを前にして妻が冷蔵庫に幼稚園の春休みスケジュールを大きく貼り出しました。見てみると「弁当」という文字に赤丸がしてあり、いかにも「春休みも毎日忘れずお弁当作れよ」というアピールだったので、ちょっと笑ってしまいました。

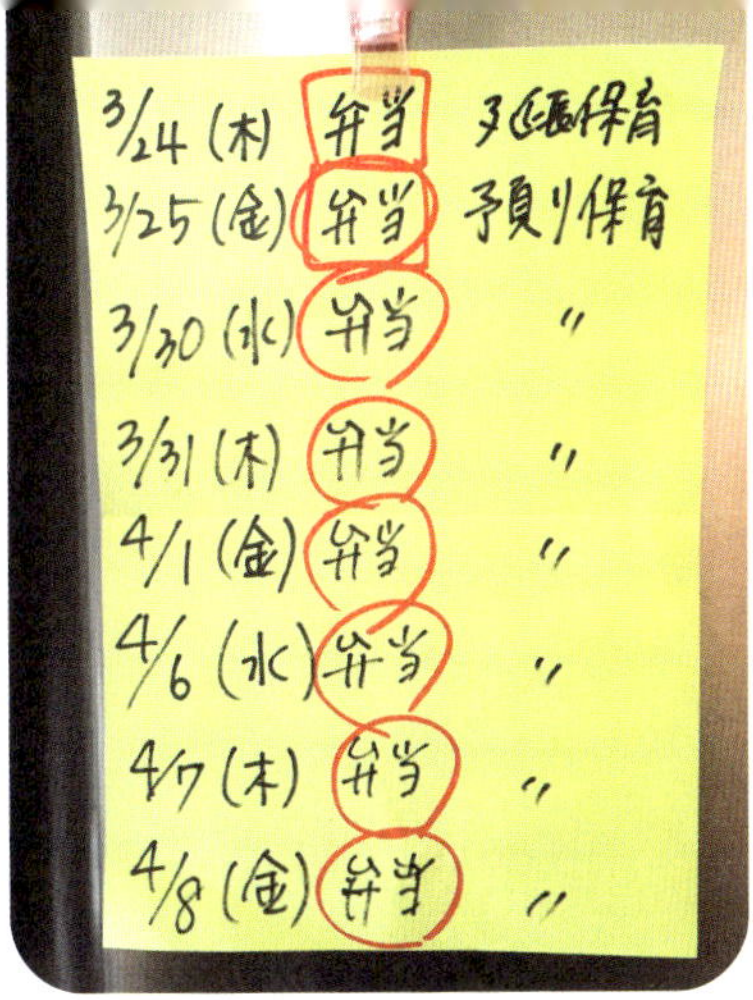

妻が貼った幼稚園のスケジュール。
「弁当」の文字がよく目立つ

娘のスイミング遠足のお弁当。
リクエストにこたえて作ったもの

娘からのリクエストがこれ

そんな感じでお弁当作りはどんどんエスカレートしていったのですが、その中でも子どもたちの小学校の運動会は自分の存在感をアピール出来る一大イベントでした。

金曜日に仕事を終えて帰宅後に夜遅くまでお弁当の仕込みをし、3時間程度の睡眠でまた土曜日の早朝から仕上げ作業をするという気合いの入れようでした。

運動会弁当は彩りや詰め方など見た目のテクニックが求められるのですが、作るたびに上達していったのを覚えています。

運動会だけでなく文化祭も体育館に敷物を敷いて家族単位でお弁当を食べるスタイルだったのですが、私が作ったお弁当を広げたとき、周囲のご家族の方々からどよめきが起こりました。私も子どもたちも「うちはお父さんも料理出来るし、こんなすごいお弁当も作れるんだぞ」と、最高のドヤ顔をしていたと思います（笑）。

妻が小学校のママ友グループと子どもたちでお弁当を持参してお花見に出かけるというイベントがあったのですが、パパ参加不可のため留守番するにもかかわらず、おにぎらず&彩りおかずの豪華なお弁当を作ったこともありました。

どよめきが起こった娘が9歳のときの
小学校文化祭弁当

小学校の運動会弁当（2018年）

ママ友＆子どもたちのお花見弁当
（父は留守番）

どよめき

このときもきっと、ママ友の間でどよめきが起きたことでしょう（笑）。

あと、子どもたちの小学校では毎年「家の人とお弁当を作る」という夏休みの宿題があったのですが、そこはもちろん私の出番です。

子どもたちはちょっとお手伝いをする程度なのですが、一緒にキッチンに立って作業したり、レポートの内容を考えたりするのはとても新鮮で楽しかったです。

この文章を書くにあたって、娘が小学2年生のときに書いたお弁当の宿題レポートを久々に見てみました。休日にお出かけするときのお弁当を一緒に作ったのですが、「おうちのひとからひとこと」の欄に「とても上手にできました。料理で一番大切なのは『愛情』です」と書いてあって、当時の様子や感情を思い出して温かい気持ちになりました。

娘が中学生になったタイミングでコロナ禍となり、運動会弁当を作る機会はなくなってしまったのですが、どのお弁当も家族の思い出に残っていたら嬉しいです。

先日久しぶりに娘から友達と勉強しに行くためのお弁当を頼まれて、おにぎりと

夏休みの宿題

娘が9歳のときの、家の人とお弁当を作る夏休みの宿題レポート

娘が10歳のときの夏休みの宿題で作ったお弁当

娘が11歳のときの夏休みの宿題で作ったお弁当

2024年、娘のリクエストで久々に作ったお弁当

ちょっとしたおかずの簡単なお弁当を作りました。

娘が高校生になったら毎日のお弁当を作るのが夢だったのですが、私が単身赴任になってしまいそれが叶わないままでした。

そんなこともあって、ちょっとしたお弁当だったのですが頼まれたのがすごく嬉しかったし、数年ぶりに「お弁当どうだった？」「おいしかった」のやり取りが出来て懐かしかったです。


子育てにおいては私の出番はどうしても妻より少なくなりがちだったのですが、たとえ子どもたちと交わす言葉は多くなかったとしても、お弁当作りを通してコミュニケーションを取れたのは良かったなと思います。

11

ツンデレでかわいい娘

高校2年生（2024年7月時点）の上の娘は、小さい頃はパパっ子でした。幼い頃は寝る前に毎晩のように私の腕枕で絵本の読み聞かせをしていましたし、小学1年生のときに自分の部屋を与えたにもかかわらず、「ひとりで寝るのが怖い」という理由で4年生まで私と一緒に寝ていました。

そんな娘にも思春期がやってきて、中学生になったらそれが顕著になっていきました。

入部したバスケ部の活動が忙しいというのもありましたが、休日にどこかへ連れて行ってほしいというリクエストが全くなくなり、態度も素っ気なくなりました。

中学校入学と同時にスマホを持たせたのですが、ＬＩＮＥのやり取りが笑ってしまうくらい素っ気なくて、人並みに思春期を迎えたことが私にとっては感慨深くもありました。

例えば土曜日の部活の練習でお弁当が必要になったときの連絡は「土曜日弁当」「メニューは俺が決める」「朝食は6時」という感じです。

どんなお弁当がいいか聞いてみたら「後で考えとく」と返ってきました。

単身赴任の私は基本的には毎週末帰宅しているのですが、仕事の都合などで帰れないときがあり「今週は帰れないけど寂しくない？」と送ったら「全く」と素っ気ない返事が返ってきて、自分だけが寂しい週末を迎えたこともありました。

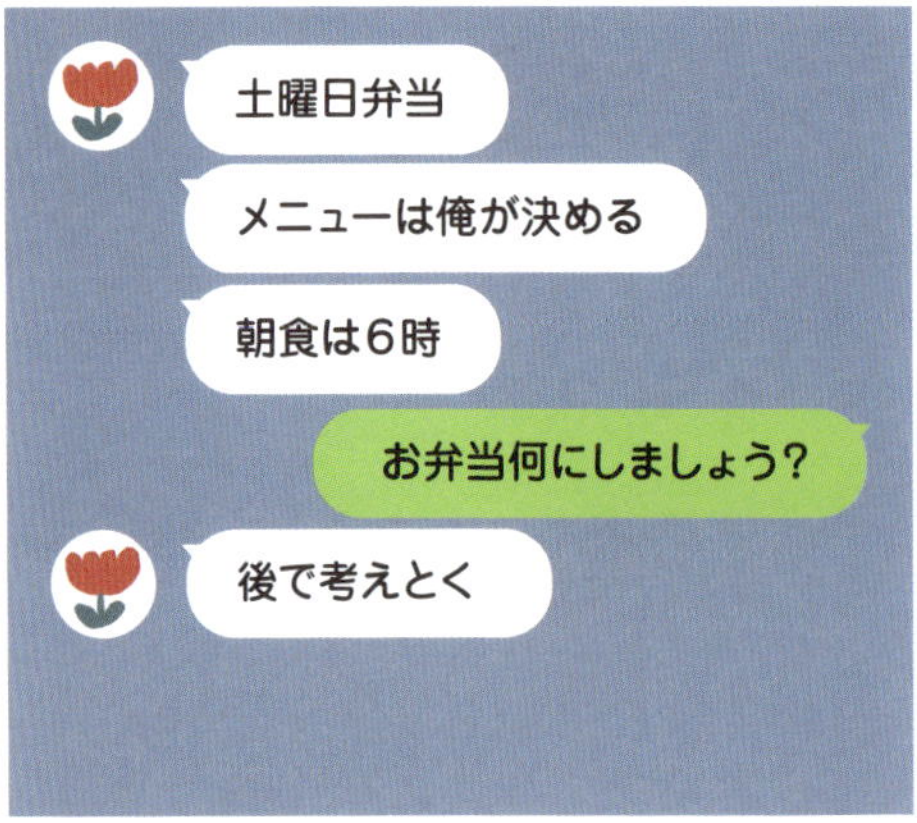

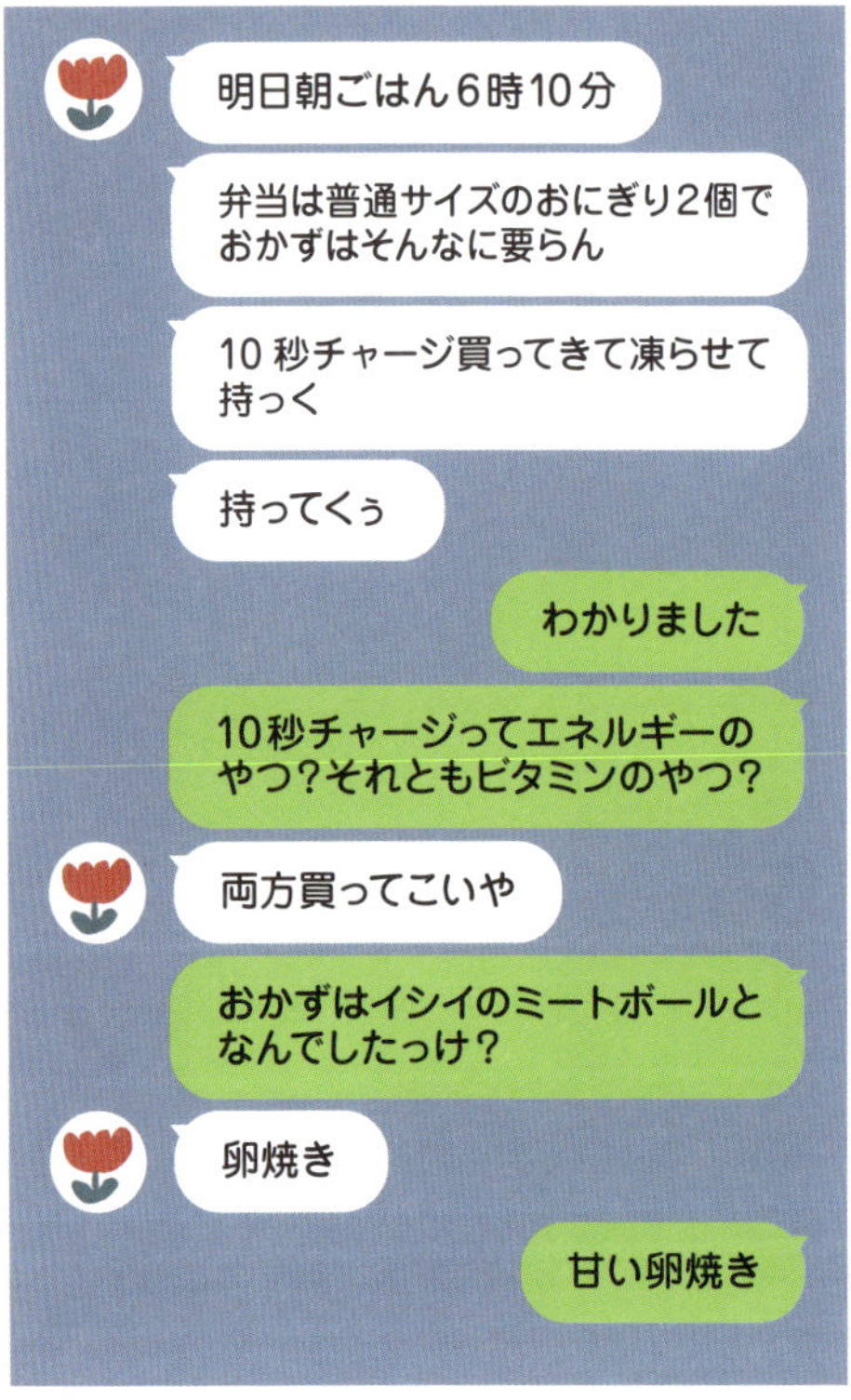

娘が中学2年生のときはコロナ禍で部活が2ヶ月間活動休止だったのですが、その間に娘の体重が3kg増えてしまったことがありました。そのときに私がスナック菓子をいくつか買って帰ったことがあったのですが、娘から「太るようなもの買ってくるな」と怒られるとともに、「リビングに置くと誰かに食べられちゃうからこういうものは俺の部屋に直接持ってこい」と天邪鬼で理不尽な上司みたいなことを言われたこともありました。

私は週末に中学生の娘と一緒に出かけたくて金曜の夜になると誘いのLINEをすることがあったのですが、「あした部活ありますか？」→「無いです」→「じゃあなにペチーノ飲みにいく？」→「明日は部屋掃除します」→「あさっては？」→「わかんなぁい」と、やんわり断られることもありました。

それでも土曜の部活の日の朝ごはんは毎週私が作っていて、「何が食べたい？」と聞いたりするようなコミュニケーションが楽しかったし、娘は素っ気なくてもよ

部活娘の朝ごはん。トースト2枚とおかずが基本だったが、ある時期から「米を食べないと力が出ない」と言い出して卵かけごはんに変わった

あした朝ごはん何時に食べる？
5時半
練習試合？
おう
なに食べます？
ご飯となにか
わかりました

く学校での出来事をマシンガンのようにたくさん話してくれたので、思春期ながらもいい親子の関係だなと思っていました。

それに、週末ごはんのリクエストのやり取りも面白いです。

週末が近くなると私のほうから娘にリクエストを聞くのですが、「今忙しいんじゃ」と言いつつ「ミートパイ」と自分の好物を伝えてくれたことがありました。

また、ミートパイを作って間もないタイミングで再び同じリクエストをもらって「またですか!!!」と返したら、「じゃあ聞くな」と返ってきたことも…。

ミートパイのほかはコロッケ、グラタン、ハンバーグのリクエストが多く、嫌いな緑黄色野菜がメインのメニューは出てきません。それでも、小中学校の給食では何でも残さず食べていたそうで、ちょっと不思議です。

あと、ある日突然たらこバターマヨうどんのリクエストがＬＩＮＥで送られてきたことがあったのですが、その説明で「のりとかたらこがかかっている、うどんとパスタのキメラみたいなの」と表現していて、発想が豊かだなと思ったこともありました。

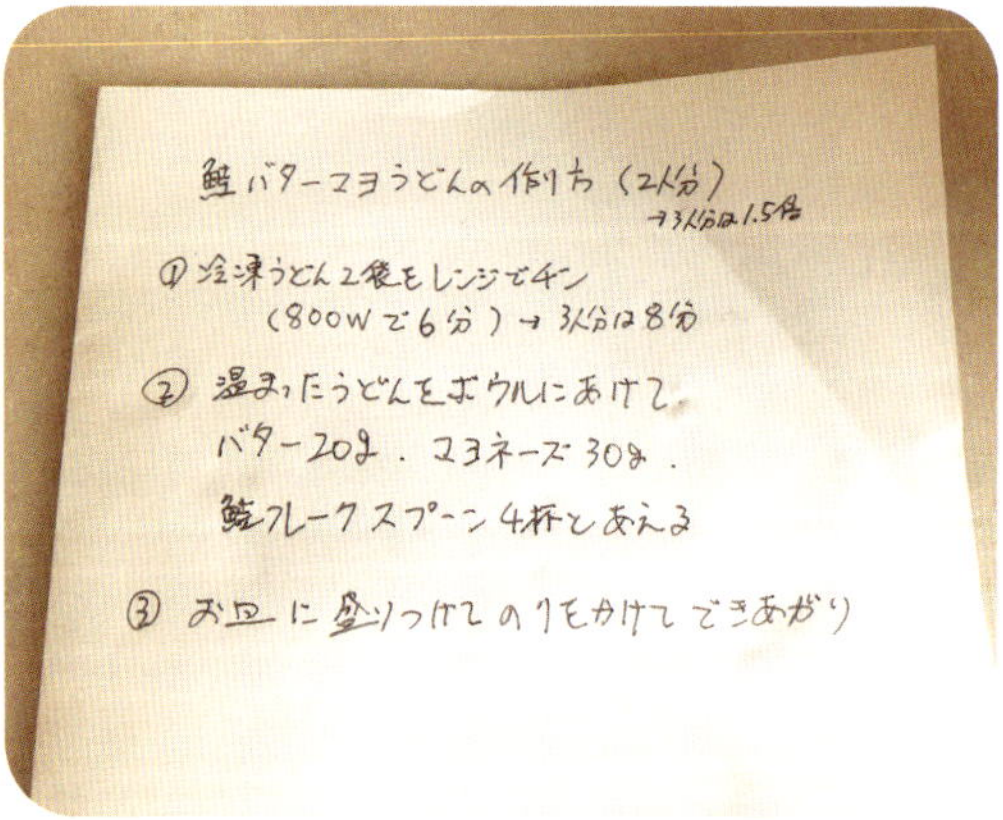

鮭バターマヨうどんの作り方（2人分）
→3人分は1.5倍

① 冷凍うどん2袋をレンジでチン
（800Wで6分）→3人分は8分

② 温まったうどんをボウルにあけて、
バター20g、マヨネーズ30g、
鮭フレークスプーン4杯とあえる

③ お皿に盛りつけてのりをかけてできあがり

中学生の頃の娘はバターマヨうどんが好きで、ある日自分で鮭バターマヨうどんを昼に作って弟と食べていた。そのとき書いておいたレシピそんな娘は、実は私が週末に作るお菓子のファンでもあります。

中でも好物なのがなめらかプリンです。

キッチンで作っていたら娘がやってきて「何時間たったら食べられる?」と聞いてきて、粗熱を取って一晩冷蔵庫で冷やすことを伝えたら「早く食べたいから早起きする」と言われて、普段はそういう気持ちをあまり表に出さないので嬉しくてニヤニヤしてしまいました。

前日に作ったなめらかプリンを親戚への手土産に持って行ったとき、娘に「私の分は?」と言われて2日連続で作ったこともありました。

かためプリンを作ることもあるのですが、「俺は本当はなめらかプリンが好きなんだけど、しょうがねぇから食ってやるよ」と言いながらあっという間に完食していて笑ってしまいました。

それとメロンパンとバナナパウンドケーキを作った週があったのですが、日曜夜に単身赴任先へ戻るとき娘に「少し持って行ってもいい?」と聞いたら「だめ」と言われて、作って良かったと思ったこともありました。

こんな風にごはんやお菓子に関して娘は「おいしい」とは言葉にしないけど、別の言葉や行動でそれを表してくれるし、リクエストの問いかけにもちゃんと返してくれるので、作り手としてはとても嬉しいです。

娘は高校に入学してからメイクに目覚めて、夜な夜な自室で練習するようになりました。

お財布としての付き添いで週末にドラッグストアへ行くことが何度かあったのですが、メイクに目覚めるのは成長過程であり微笑ましいなと思っていました。

平日のある日、娘からＬＩＮＥで「これ買っといてくれ」という文とともに化粧品の購入リンクが送られてきました。

何も聞かずに購入手続きをし「日曜日に届くそうです」と送ったところ、「わかりました」とだけ返ってきました。

代金は払ってくれないだろうなと思いながらも「お金は払ってくれるの？」と送ってみたら、猫がしっぽで犬の顔をぱしぱしと叩くスタンプとともに「これかわいい」

とだけ返ってきて、話のそらし方が秀逸すぎて感心してしまいました。

小学生の頃は人間関係がうまくいかなくて「学校に行きたくない」と泣いていた時期もあり、心配することもあったのですが、中学校では部活も勉強も頑張ったし、高校では仲良しの友達も出来て楽しそうにしているのでほっとしています。

思春期の娘との今のような関係も楽しいのですが、これから大人に近づいていくことで関係性もきっと少しずつ変化していくのだろうと思います。

早起き宣言

ある週末に作ったクッキーは
ほとんど娘の胃袋に

チーフのつぶやき

娘は私のお菓子のファンであり、辛口評論家でもあります。無言であっという間に食べてしまうことがあるのですが、それはすごく嬉しいことです。

娘の大好物!

たらこバターマヨうどん

材料（2人前）

冷凍うどん……2玉
たらこ……1/2腹
バター……20g
マヨネーズ……30g
きざみのり……適量

作り方

1. 冷凍うどんをレンジでチンする
2. ボウルに温めたうどんとバターとマヨネーズとたらこを入れてよく混ぜる
3. 器に盛り付けてきざみのりをかける

チーフのつぶやき

冷凍うどんで簡単に作れます。工程は混ぜるだけ。明太子や鮭フレークでもおいしいです。

12 リクエストが渋い息子

私が子どもたちの幼稚園のお弁当を作っていた頃、下の息子は「ぜーんぶおいしかった」と素直に感想を言ってくれてかわいいなと思っていたのですが、小学5年生くらいから急に食にうるさくなりました。

私が作る週末ごはんの献立に文句をつけてくるようになったのです。

上の娘の場合は「肉」と「揚げ物」さえあれば普通に食べてくれるし、好きでなければ何も言わずその料理に手をつけないだけなのですが、息子の場合ははっきり言ってきます。

息子が好きなものはベーシックなもので、ちょっと変わったものを作ると「何でそんな変なものを作るんだよ、普通のものを作れ」と言われてしまいます。

そこで息子のリクエストを聞いてみると「切り干し大根」「きゅうりとわかめの酢の物」「焼魚」などなかなか渋くて、それはそれでかわいいなと笑ってしまいました。

これはきっと「給食で慣れ親しんだものが安心で、冒険はしたくない」という保守的な感情なのだと思います。

それ以外のリクエストも「中華春雨サラダ」「ショートパスタ入りのミネストローネ」「じゃがいもとわかめの味噌汁」など、給食で人気のメニューっぽい感じの料理が多いです。どれもシンプルでおいしいんです。

ある休日の昼ごはんで、簡単に帯広風豚丼を作ったら「こういうのでいいんだよ」としみじみ言われて、何様だよと思いつつもなんだか嬉しかったです。

親の作ったごはんに文句を言うなんてけしからんと思われるかもしれないけど、思えば自分も思春期の頃に母親に同じようなことを言っていたので、息子に文句を言われても「似た者同士だな…」とニヤニヤしながら素直に聞いてしまいます。

以前仕事で行った群馬で買ってきた豆腐でスンドゥブを作ったら「今まで食べた豆腐の中で一番うまい」と息子に言われ、気分が上がって家族みんなでその豆腐を買いに群馬へ日帰り旅をしたこともありました。

家族四人そろって出かけることは滅多にないのですが、息子の言葉が思いがけずそのきっかけになって楽しい思い出が出来ました。

たまにしかないけど息子に褒められると嬉しいし、「おいしい」って口に出さなくてもごはんをおかわりしていたら心の中でガッツポーズしちゃいます。

給食人気メニューは今でも研究しているし、何かと食にうるさい息子の「スキ」を探していくのはすごく面白いです。

息子の「こういうのでいいんだよ」メニュー3選

帯広風豚丼

ミネストローネ

切り干し大根

チーフのつぶやき

奇をてらわない誰もが知っているようなシンプルなメニューが息子の好みです。

息子大絶賛の「スンドゥブ」

群馬県にあるスーパーのツルヤで購入したお殿様とうふ。しっかり大豆の味がする

13 厳しくも温かく見守ってくれる妻

私の妻は調理師免許を持つほどの料理上手です。

結婚した当初は料理が出来ない私のために毎日ごはんを作ってくれました。

妻は感覚で料理をする人で、レシピは見ず、計量器具も一切使わず目分量で手際よく料理が出来ます。

帰宅すると毎日おいしいごはんが待っていて、結婚生活っていいなと思いました。

そしてそのせいかものすごく体重が増え、典型的な新婚太りになりました。

私はもともと家事が好きで、掃除や洗濯などの家事は日々やっていたのですが、料理に関しては妻任せでした。

下の息子が生まれた2010年に上の娘の幼稚園のお弁当を作り始めたのが私の料理のスタートなのですが、そ

れが楽しかったので週末の晩ごはんも作ってみることに。

ごはんを作るときに頼りにしたのはクックパッドなのですが、そもそも料理の基礎を知りませんでした。

そのためレシピに書いてある「板ずり」「煮切る」「油がまわる」「小口切り」「くし切り」などの用語や、乱切りの大きさ、ひとつかみの量、さっとゆでのゆで時間など分からないことばかりでした。

そんなときは料理上手な妻に聞くのですが、妻はあまり教えるのが得意ではありません。

説明しているうちにイライラしてくるみたいで「なんでそんなことも分からないの？」とか「そんなの適当でいいんだよ」と投げやりに言われることがしばしばあり、自然と聞かなくなってしまいました。

経験を重ねるうちに分かってきたこともあるけど、私の調理工程はそういう理由でいまだに自己流になっている部分が多いと思います。

私は今でも基本的にはレシピがないと料理が出来ないので、分量も工程もレシピに忠実に作ります。

竹尺の話は先ほどしましたが、ほかにも鶏ささみは筋取りが必要なことを知らず、レシピにもそこまでは書いていないため、筋付きのささみフライを食卓に出して妻に驚かれたこともありました。

そんな妻ですが、私が作った料理はいつも「おいしい」と褒めてくれました。褒められるのが嬉しくて料理が好きになり、「週末のごはんは俺に任せろ」という感じになっていきました。

子どもたちが思春期になって食卓に出された料理の献立や味にケチをつけることがあるのですが、妻は先手を打って子どもたちに「おいしいね」と声かけして食卓の雰囲気を和やかにしてくれるので本当にありがたいです。

ちなみに妻は私が作る煮物、煮魚、きんぴらごぼう、ほうれん草のごま和えなどの和食が好きなようです。煮物はレシピ通りに作っているだけなのですが、一度冷ましてしっかり味を付けているのがいいみたいです。

先日妻から10年ぶりくらいに外飲みに誘われて、子どもたちに夕食を作り置きして二人で出かけてきました。

妻とサシで酒を飲むのが久々すぎて最初はちょっと緊張したのですが、3軒もお店をハシゴしてたくさん話が出来たし、妻から「また行きたい」と言われて私も大

敵か味方か

満足でした。

子どもたちが居る生活に慣れすぎて、将来巣立った後に妻と二人きりでどういう風に過ごしていくことになるのか、最近まで想像が出来なかったんです。

でもきっと二人でもずっと楽しく過ごしていけると思うし、そのときが待ち遠しくもなってきました。


きっと妻の好きなものをたくさん作ってあげると思います。

そしていつか二人で暮らすときが来たら、また妻のごはんも食べてみたいです。

2章

生地や断面の美しさに感動!
お菓子&ホットサンド

14

型抜きクッキーとの出会い

「チーフといえば型抜きクッキー」というイメージが強いと思うのですが、実は型抜きクッキー歴は浅く、初めて作ったのは2022年6月です。

合羽橋道具街へ行く機会があり、製菓道具店で犬やキリン、リスなど動物の形をした一般的な金属製のクッキー型を見かけて、これでクッキーを焼いたらかわいいだろうなと思ったのがきっかけです。

早速レシピを探して初挑戦したのですが、型から生地をうまく抜くことが出来ずいびつな形になり、焼くのも難しくて焦げてしまい大失敗でした。焦げたので固いし、想像していたようなバターの香りもしなくておいしくはなかったです。

もちろん大失敗したクッキーもSNSに投稿したのですがこれがすごく悔しくて、すぐにYouTubeで作業手順まで分かるレシピ動画を検索したり、クッキーをきれいに焼くための道具をそろえたりしました。Instagramでもクッキーのことを調べていると、周りを抜くだけでなく模様も付けられるスタンプ型があることを知りました。
その多くは個人のクリエイターの方が3Dプリンターで作成しているのですが、特に犬の型がかわいらしくて惹かれてしまい、いくつかネットで探して手に入れました。

そして大失敗した翌週、リベンジするため万全の態勢で作ったラブラドールレトリバーのクッキーがとてもきれいに仕上がったのですが、この投稿に6万超のいいねが付いたんです。ネットニュースにも取り上げてもらってすごく驚いたし、スタンプ型で作るクッキーのかわいさを知って新しい世界が広がったと思いました。

この日の朝ごはんに作ったちぎりパンの投稿にも1万いいねが付いたこともあり、何とこの週末だけでフォロワーが1・5万人も増えました。その後もスタンプクッキーを焼くたびにバズってはフォロワーが増えるということを繰り返し、たくさんの反応がもらえました。

何よりもスタンプ型で作る動物のクッキーがとても愛らしく、また良いレシピに巡りあえてすごくおいしく作れるようになって、どんどんクッキー沼にはまっていきました。

お菓子作りをするときは必ず焼く前の生地の画像とともに「○○焼く。この後のツイートがなかったら失敗したと思ってください」という文章を投稿するのですが、今では多くの人がこの文章を投稿で使ってくれていて「クッキー構文」や「チーフ構文」と呼ばれていたりするのは嬉しいことです。

クッキー作りは簡単そうに見えて、実はお菓子作りの中では難易度が高めです。生地にバターを大量に使うため油脂分が多く、型抜きするときと焼くときの生地の温度管理が重要なのですが、コツさえ掴めばきれいに作れます。

そして作ってみて初めて分かったのですが、焼く前のクッキーはとても美しいです。もちろん焼いた後も美しいのですが、焼く前のしっとりすべすべな感じが私は好きです。

焼いたクッキーはいつも缶に詰めるのですが、出来上がった「クッキー缶」はとにかくかわいいです。

大きさが決まっている缶に大きさがまちまちのクッキーを詰めるのはパズルのような難しさもあるのですが、隙間を埋めるために花の形のスタンプクッキーを焼いたりして工夫しています。

『しろくまちゃんのほっとけーき』という大好きな絵本のスタンプ型で4種類のクッキーを焼いたときに、缶に詰めたらぴったりはまってガッツポーズしたし、すごくかわいく仕上がったので気分が上がりました。

スタンプクッキー型は種類が無限にあって探す楽しさがあるし、それで実際に生地を抜くとどういう風に仕上がるのかというワクワク感があります。

その楽しさを多くの人に知ってほしいので、これからもクッキーを作り続けていきます。

幼少期の娘との思い出がいっぱい詰まったクッキー缶

ダンボール箱いっぱいのクッキー型コレクション

チーフのつぶやき

動物のクッキー型がかわいくてついいろいろと買い集めてしまいます。レパートリーが増えるばかりです。

スタンプ型を初めて使ったラブラドールレトリバーのクッキー。上が焼いた後、右が焼く前

かわいいのでどうしても犬のクッキーが多くなりがち。左はマルチーズで下は柴犬

チーフのつぶやき

見た目がかわいいだけでなく、
味もとってもおいしいんです。

15 プリンにパフェにドーナツ…お菓子作りの沼

お菓子作り自体は7年くらい前から始めました。
それまで休日といえば家族でどこかへ出かけるということが多かったのですが、子どもたちが成長するにつれてあまり外出を求められなくなり、空いてしまった時間で始めたのがきっかけだったと思います。

初めのうちはパウンドケーキ、シフォンケーキ、カヌレなど自分が食べたいと思うものをたまに作るという感じでした。

結婚したときから使っていたオーブンが10年目に壊れてしまって買い替えたのですが、その新しいオーブンが非常に優秀で、それまでのお菓子作りで毎回のように悩まされていた焼きムラが全く出なくなり、お菓子作りのレベルが一気に上がって楽しくなりました。

それからというもの、マフィン、マドレーヌ、チーズケーキ、アップルパイ、ブラウニー、ガレットなど、焼き菓子のレパートリーの幅が広がっていきました。

いろんなお菓子が作れるようになっていくにつれて増えていったのが焼き型です。

当初はキッチンに収納していたのですが次第に置ききれなくなり、今では段ボール箱に入れて寝室のクローゼットにしまい、使うときだけ出しています。

その数は、もはや型コレクションと言えるレベルかもしれません。

チーフのお気に入り

焼き型コレクション

ゼリーの型

マドレーヌの型

プリンの型（犬）

プリンの型（豚）

プリンの型（象）

クグロフの型

カヌレの型

パンの型

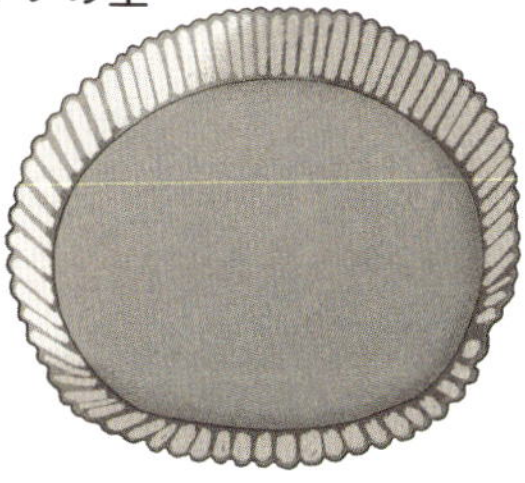
タルトの型

チーフのつぶやき

ついつい道具から入りがちで、焼き型だけでなく数多くの製菓道具を持っています。パン用の型はコーンマヨパンなど総菜パンによく使います。

レパートリーが増えたら子どもたちにも喜ばれるようになったのですが、そのうち娘の好きなドーナツを手作り出来たらいいなと思うようになり、ミスタードーナツのメニューに挑戦してみたくなりました。

最初に作ったのはエンゼルクリームです。

これはホームベーカリーで生地を作り、成形して油で揚げ、最後にクリームを注入するという工程なのですが、これがすごく上手に出来ました。

お店のようにきれいに仕上がり、手作りの特権でクリームをたっぷり注入したら娘に大ウケしてすごく嬉しかったのを覚えています。その後はポン・デ・リング、エンゼルフレンチ、オールドファッションにも挑戦しました。

お菓子作りは工程も分量もレシピ通りに作ればそれなりにおいしく美しく仕上がるし、家族も喜んでくれるので、その後もお菓子作りの沼にどんどんはまっていきました。特になめらかプリンに関しては、フタ付きの透明プリンカップを使ってお店レベルの味と見た目に仕上げていて、娘の大好物になりました。

このなめらかプリンは6個仕上げるのに生クリームを2パックも使うのですが、

安価な植物性脂肪の製品でもとてもおいしく仕上がります。

何度も作っているので、カラメルソースもちょうどいい焦がし具合に作れるようになりました。妻の実家へ手土産として持って行くと喜ばれるのも嬉しいです。


また、我が家では家族の誕生日に私がいちごケーキを作ります。

デコレーションが苦手で初めのうちは失敗ばかりしていたのですが、回転台やパレットナイフなど道具をそろえてYouTube動画で工程を学び、今では上手に作れるようになりました。

妻がいつもニヤニヤしながら「どこのケーキ屋さんで買ってきたの？」と褒めてくれます。

あと、私はもともとパフェが大好きなのですが、おじさんが外でパフェを食べるのはちょっと恥ずかしいと思っていました。

そんな中、ＳＮＳでおうちパフェを作っている方を見て、自分もやってみたいと思って業務用調理器具店でパフェグラスを買ってきたのが3年前です。

初めて作ったのはチョコパフェで、家庭菜園で育てた自家製ミントを添えて「パフェを手作り出来れば人生もっと楽しくなる気がする」と投稿したら多くの人に共感してもらえたし、子どもたちにも喜んでもらえました。

パフェ作りにはいくつかこだわりがあって、アイスがすぐに溶けてしまわないようにパフェグラスを冷蔵庫でよく冷やしておいたり、おいしいレディーボーデンのアイスを使ったり、アイスをすくうのに一般的なディッシャーではなくゼロールのアイスクリームスクープを使ってきれいに丸くなるように仕上げたりしています。

パフェはいちご、メロン、キウイなど季節のフルーツで年間を通して楽しめるから良いです。

その後、もっと喫茶店のようなメニューのレパートリーを増やしたいなと思い、フロートグラスを買ってきてクリームソーダも作ってみたのですが、これも美しくおいしく仕上がって、Webメディアで紹介されたりもしました。

これからもおうち喫茶店を満喫したいし、新しいお菓子作りにも挑戦していきたいです。

いちごマフィン

フレッシュいちごの水分が
生地に移ってしっとりに

クリームドーナツ

クリームをパンパンに詰め
られるのは手作りの特権

かためプリン

プリンカップで焼くと喫茶店みた
いな仕上がりに。ホイップクリーム
とさくらんぼもかわいい

いちごミルフィーユ

冷凍パイシートで作った。中のカス
タードクリームがとってもおいしい

こだわりの
先に
至福あり！

チョコパフェ

材料（1人前）

チョコレートアイス	適量
生クリーム	適量
ガトーショコラ	適量
チョコレートソース	適量
コーンフレーク	適量
ミント	適量

作り方

1. よく冷やしたパフェグラスの内側にチョコレートソースをかける
2. グラスの底にコーンフレークを入れ、その上にホイップした生クリームをのせる
3. チョコレートアイスを2スクープのせ、周りにカットしたガトーショコラをおく
4. さらに生クリームをのせてその上にチョコレートソースをかけ、ミントを挿す

チーフのつぶやき

チーフ家のおうち喫茶店メニューの一つです。ミントはなくても良いです。

いちごパフェ

チーフ家
季節のパフェ
シリーズ

チーフのつぶやき

パフェグラスとロングスプーンがあれば、おうち喫茶店が開店出来ます。

メロンパフェ

桃パフェ

16
子どもたちとお菓子作り

娘が8歳のときに、学校の図書館でお菓子のレシピ本を借りてきたことがありました。

そこに載っていたガトーショコラをどうしても作りたいと言うので一緒に作ったのですが、今思えばそれが私にとって初めてのお菓子作りだったかもしれません。初めてにしては上手に出来て、娘も私も嬉しかったし、いつもはうるさい子どもたちが無言で食べていたのを覚えています。

その後だんだん私が休日のお菓子作りにはまっていくようになり、バレンタインに娘が友達にあげるための生チョコ作りを手伝ったことがありました。「10歳娘と一緒に作りました」と投稿したのですが、実際はほとんど私ひとりで作りました（笑）。

とてもおいしく出来たし、生チョコ専用の小箱に入れたら見た目もお店みたいに仕上がり、友達にも大好評だったようです。

その2年後のバレンタインには娘がクラスメイトに手作りお菓子を配りたいと言うので、ミニチョコマフィンを作ることになりました。

本番前に一度練習をしたのですが、当時9歳の息子が作りたいと言うので一緒に作りました。小学校低学年はお菓子作りをしたい気持ちが芽生える年頃なのかもしれません。

手取り足取り教えると、息子は夢中で作っていました。

しかし娘はお菓子作りには参加せず「バレンタインに娘が友達に配るお菓子の練習をなぜか息子と二人でしてる。この後のツイートがなかったら失敗したと思ってください」と投稿。女子が配るお菓子を男二人で作っているのがおかしくて笑ってしまいました。

バレンタイン本番に作ったチョコマフィンも上手に出来たのですが、娘は友達に配るだけでなく私にもそのマフィンをくれたのは面白かったです（ほとんど私が作りましたので…）。

2020年はデコレーションケーキに初挑戦しました。スポンジはそれなりに上手に焼けたのですが、デコレーションに失敗してひどい見た目になってしまいました。

投稿には書いていないのですが、実は娘の13歳の誕生日ケーキでした。それでも娘は「おいしい」と言って笑顔で食べてくれたので救われました。

手作りのお菓子は子どもたちも喜んでくれるし、思春期におけるコミュニケーション手段として大いに活用出来ていると思います。

2015年に娘と作ったガトーショコラ。
初めて作ったお菓子

バレンタインに作った生チョコ。
専用の小箱に入れたのがこだわり

上は娘の13歳の誕生日に作った初めてのデコレーションケーキ。左は娘が17歳のときの誕生日ケーキ。練習を重ねたので上達した

バレンタイン

息子と作ったチョコマフィン
(焼成前)

17

ホットサンド襲来

2018年当時、Instagramでフォローしている方が具材パンパンで断面が美しいホットサンドを作っていて、「こんなん焼きたてで食べたら絶対うまいやん」と衝撃を受けました。

私もこういうのを作りたいなって思って、その方が使っていた「グリルホットサンドメッシュ」というホットサンドメーカーを買ってみました。

メッシュでしなやかにパンを挟んでくれるので、具材を大量に詰め込んでも溢れず、魚焼きグリルかオーブントースターで調理出来るというものです。

とりあえず家にある具材で試してみようと考えて作ったのが「ハムチーズたまごホットサンド」。見た目はきれいには作れなかったけど、パンがカリカリに焼けて「これはうまい！」となって、そこから平日は毎日作るようになりました。

最初はパンに合うような無難な具材を選んでいたけど、作っていくうちにだんだん楽しくなって、普通はホットサンドには使わないようなちくわやブロッコリーなど、断面の形がちょっと面白い具材で攻めてみたり、切ったときの断面を想像しながら具材を重ねていくという技を身につけていきました。

本当に平日は毎日のように作りましたが、アイデアはいくらでも浮かんできたし、具材は何を挟んでもたいていおいしかったので飽きることはなかったです。

フォロワーがすごく多い料理アカウントの方から、使っているホットサンドメーカーについて質問を受けたり、私の名前を出して紹介してもらったりするといううめちゃくちゃ嬉しい経験もしました。

普段の料理はレシピ通りなのに、ホットサンドに関しては試行錯誤しながら創作出来たし、その面白さが伝わったのかXで初めてバズったのもホットサンドの投稿でした。

ここで、Xで反響が大きかった代表作をいくつか挙げます（いいね数は2024

年7月10日時点の数字）。

○雪見だいふくホットサンド（約7万いいね）

パンとバニラアイスって実はすごく合うんです。

あと、焼きたて熱々なパンと冷たいアイスとの対比がとても不思議な感じで良い！

短時間で焼くことが出来るグリルホットサンドメッシュならではのホットサンドです。

○Big プッチンプリンホットサンド（約5万いいね）

あの大きいプリンがそのままパンにずっしり挟まっているビジュアルがすごい。

味としてはプリンはカスタードクリームに似ているので、クリームパンのホットサンドみたいな感じです。

これもメッシュタイプだから出来るメニューなのですが、私の投稿を見て鉄板のホットサンドメーカーで作りプリンがドロドロに溢れて大事故になっている方の投稿を多数見かけて、ちょっと申し訳ない気持ちになりました（笑）。

◯みたらし団子＆シャウエッセンホットサンド（約1・4万いいね）

甘いみたらし団子としょっぱいシャウエッセンの組み合わせは、チョコがけのポテチみたいな甘辛旨さがあってとてもおいしいし、とにかく断面のインパクトがすごすぎました。

雪見だいふく
ホットサンド

チーフのつぶやき

熱々カリカリのパンに冷たいバニラアイス、おもちの食感が加わって絶妙です。パンとバニラアイスはとても合います。

Bigプッチンプリン
ホットサンド

チーフのつぶやき

焼きたてのカスタードクリームパンを食べるような感覚です。プリンがとろーりとしておいしいです。

みたらし団子＆
シャウエッセン
ホットサンド

チーフのつぶやき

甘さとしょっぱさの対比が良いです。パンと団子のダブル炭水化物で満足度も高いです。

実はホットサンドで一度だけ大失敗したことがあります。
それはロールケーキホットサンドで、コンビニで買ってきたロールケーキを挟んで焼いてみたらクリームがドロドロに溶けて流出。あと、パンとケーキ生地は炭水化物同士で合いませんでした。

こんな感じでちょっと変わったものばかり作っていたせいで家族受けは良くなかったんだけど、フォロワーさんにはすごくウケていたみたいで、投稿を続けた約1年間で2000人だったフォロワーが8000人まで増えました。

ホットサンドは久しく作っていないけど、休日の朝ごはんなどでまた作ったらきっと楽しいだろうなって思います。

チーフお手製

迫力断面ホットサンド

うな次郎
ホットサンド

夏になるとスーパーの練り物製品売場に並ぶ「うな次郎」。実はパンとの相性も良いんです。

オクラちくわホットサンド

オクラの断面は星みたいで見た目のインパクトがすごいです。

カプレーゼホットサンド

モッツァレラチーズを使った贅沢ホットサンドです。

アスパラ肉巻きと
チェダーチーズのホットサンド

歯ごたえのある極太アスパラを使いました。

こだわりポイントはゆで卵のボリューム感です。

ベーコンレタスと卵のホットサンド

チョコモナカジャンボホットサンド

外側のチョコはいい感じに溶けるけど真ん中の板チョコはパリパリのままです。

フレッシュヤングコーンの程良いシャキシャキ感が良いです。ヤングコーンの断面はひまわりみたいです。

ヤングコーンとハムと卵のホットサンド

春キャベツとシャウエッセンのホットサンド

直売所で買ってきた春キャベツが驚くほど柔らかかったです。

愛用するホットサンドメーカー

チーフのつぶやき

オークスのグリルホットサンドメッシュは、具材を大量に詰め込んでも溢れたことがありません。

チーフのつぶやき

魚焼きグリルでパンがカリカリに焼けて感動しました。

チーフ流ホットサンド第一弾の「ハムチーズたまご」

3章

チーフといえば

18

チーフ構文

私は料理するときもお菓子を作るときも、基本的に作る前の状態をＳＮＳで投稿しているのですが、その中でフォロワーの方々から「チーフ構文」と呼ばれている言い回しがあります。

お菓子を作るときは焼く前の生地の画像とともに「○○焼く。この後のツイートがなかったら失敗したと思ってください」と投稿しています。

２０１８年にシフォンケーキを焼くときになにげなく使ったのが始まりです。当時はまだそれほどお菓子作りをしていなかったので、構文の使用頻度は少なめだったのですが、２０２０年にお菓子作りとパン作りにはまってからは毎週のようにこの構文を使うようになりました。

焼く前の生地の状態を投稿することは当時は珍しかったし、何より生地の画像がどれも美しかったので、ＳＮＳでの反応がとても良かったです。

お菓子作り初心者の頃は自分でも「失敗するかも」と思いながらこの構文を使っていたのですが、毎週のようにお菓子作りをするようになってからは絶対失敗しないと思っていながらお決まりの定型文として使うようになっていました。

この構文を使うとフォロワーの方々もドキドキワクワクするみたいです。

実は完成後の投稿はこの焼成前の投稿にあえてつなげていません。

こうするとおすすめ投稿で焼成前の状態を見たフォロー外の方が、いったん私のホーム画面へ移動してから完成後の投稿を探してくれるので、これをきっかけにフォローしてくれる方が増えたみたいです。

2022年に型抜きクッキー作りを始めてからは度々投稿がバズるようになり、この構文がたくさんの人に知れ渡るようになりました。

今ではXで多くの人がこの構文を使っていて、「この後のツイートがなかったら失敗」で検索するといろいろな人の焼く前の美しい生地が見られるので楽しいです。

チーフ

アップルパイ焼く
この後のツイートがなかったら
失敗したと思ってください

チーフ

クリームパン焼く
この後のツイートがなかったら
失敗したと思ってください

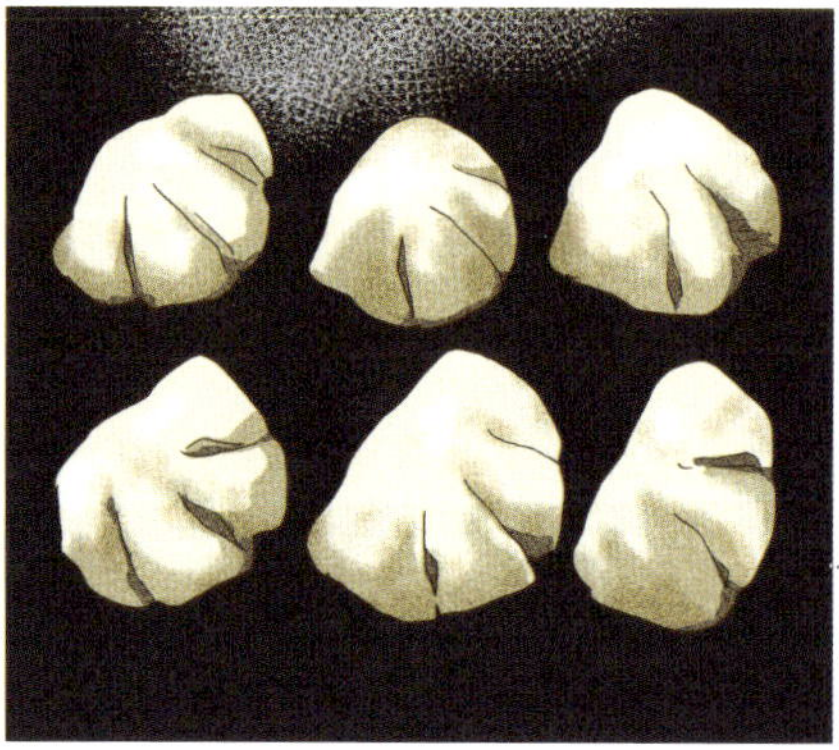

19

チーフ流 料理の基本とこだわり

○彩り

料理は食卓に並べたときの彩りが大事です。

献立を考えるときは自分が食べたいもの、家族が好みそうなものをレシピ検索して主菜にするのですが、そうするとどうしても茶色系になりがちなので、なるべく赤、黄、緑の食材を使った副菜も加えるようにしています。

例えば…

赤……トマト（生、中華風卵炒め、ミネストローネなど）

黄……卵（ゆで卵、卵料理全般）、とうもろこし（ゆでとうもろこし、とうもろこしの唐揚げ、ハンバーグに添えるコーンなど）

緑……ゆでブロッコリー、ゆでスナップえんどう、小松菜やほうれん草のおひたし　など我が家では生野菜が好まれないので、野菜は火を通したものが多いです。
基本的に季節の野菜を使うように心がけると、自然と彩りは良くなります。

焦げ目をしっかりつける

ハンバーグやグラタンなどは、焦げ目をしっかりつけると見た目のアクセントになるしおいしそうに見えます。

目玉焼きの作り方

黄身に白い膜が張って曇らないように美しく仕上げます。
テフロンフライパンに少量の油をひ

＼ 彩りはこんな感じ！ ／

いて弱火でゆっくり焼きます。

最初は蓋をしますが、ある程度経過したら蓋を外してしまえば黄身に白い膜が張りません。

＼ゆで卵はこんな感じ！／

○ゆで卵の作り方

ゆですぎるとパサパサで黄身があせた黄色になってしまうので、中心にきれいなオレンジ色が残るような絶妙なタイミングで仕上げます。

冷蔵庫から出したばかりの卵を沸騰したお湯に入れて9分半ゆでるとちょうどいいです（クックパッドに投稿レシピあり）。

かいわれ大根のワンポイント活用

例えばパスタなどで彩りが単調になってしまいそうな場合は、適量のかいわれ大根をトッピングしてアクセントにします。

たらこパスタやエビレモンパスタでこの手法を使います。

かいわれ大根活用は
こんな感じ！

煮込みハンバーグにショートパスタを加える

これをやると脇役になりがちなショートパスタが、ハンバーグ並にメインのおかずになります。

ショートパスタはフジッリがおすすめで、ネジネジ形状でソースがよく絡みます。

薄焼き卵は
こんな感じ！

○薄焼き卵に水溶き片栗粉を加える

オムライスや冷やし中華に使う薄焼き卵を焼くときに、少量の水溶き片栗粉を加えて弱火でじっくり焼くと、破れにくく厚みのある卵に仕上がります。ひっくり返したら30秒程度で火を止めてフライパンから出してしまうのがコツです。これにより鮮やかな黄色になります（クックパッドに投稿レシピあり）。

○カレーと肉じゃがの野菜は大きめに切る

見た目のゴロゴロ感を重視しています。

おいしそうに見えるし食べごたえがあります。

○野菜を蒸すときは圧力鍋を使う

ポテトサラダやコロッケを作るときは圧力鍋でじゃがいもを蒸すのですが、圧力鍋を使うと食材の自然な甘さが出てとてもおいしくなります。

以前電子レンジを使ったこともありましたが、加熱しすぎてパサパサになったり、加熱不足で芯が残ってしまったり、熱くて火傷しそうになったり、なかなか難しいと思いました。

○ポテトフライを作るときはまずじゃがいもを蒸す

切ってそのまま揚げるのではなく、固めに蒸してから切って揚げると甘くホクホクに仕上がります。

出来れば圧力鍋調理がおすすめです。

○ここぞという場面でのだしパックの活用

顆粒の和風だしは便利なのでよく使いますが、おでんや茶わん蒸しなどだしが重要な役割を果たす料理のときはだしパックを使います。仕上がりも家族の反応も全く変わります。

○鍋やフライパンのまま食卓に出す

デザインの良いホーロー両手鍋やフライパンがあれば、食卓で映えるし、器に盛り付ける手間もないし、洗い物も増えません。

20

〝おいしそう〟な写真のコツ

私が投稿している料理やお菓子の写真について、フォロワーの皆さんからよく「撮り方が上手」とか「写真がきれい」と言っていただきます。

写真は全てｉＰｈｏｎｅ８で撮った無加工のものですが、実は裏技があります。それは「自然光の逆光」です。

ポートレートなど一般的な写真を撮るときは、正面から光が当たる順光で撮ることが多いと思います。

しかし食べ物の場合は、自然光かつ逆光で撮ると被写体に影が生まれて立体的に見えるし、食べ物が輝いたりすることによってシズル感が生まれるんです。

私が料理写真を撮るとき、自然光がある日中に関しては必ず被写体の向こう側に窓があります。家族がいる自宅のキッチンには西日が当たる勝手口があるので、丸いまな板のまわりに晩ごはんの材料を並べて「今夜は○○（その日のメイン料理）

だよ」の写真を撮るときには、逆光ではないけど横から良い感じの自然光が差し込みます。

早朝や夕方など薄暗くて室内の光量が足りないときは、窓際や勝手口の床に撮影用ベニヤを置いてその上で撮ったりもします。

ただ、自然光といっても直射日光をそのまま被写体に当てると、被写体自体が光って影が生まれないのできれいには撮れません。あくまで向こう側からの光をもとに日陰で撮影するのがポイントです。


また、自然光がない夜の場合も必ず逆光で撮ります。

週末に自宅のリビングで家族ごはんの完成写真を撮るときは、料理の向こう側の壁に付いているウォールライトをつけ、それ以外の天井のライトは消灯して、向こう側からのライトの光のみで撮っています。

このときリビングを暗くしてしまうので、いつも家族に怒られながら天井のライトを消しています（笑）。

「自然光の逆光」を使って撮影した朝ごはん

撮影の裏側は
こんな感じ

勝手口の床にベニヤを置いて
撮影することも

自宅のウォールライトで撮影した家族ごはん

ちなみにキッチンで単品の完成写真を撮る際は、レンジフードに内蔵されている白熱灯に料理を近づけて逆光で撮っています。

実は、平日のひとり飯も右手にiPhone、左手にLEDスタンドを持って料理の向こう側から光を当てて、一番美しく撮れる角度を探しながら撮影しているんです。

最後に「湯気芸」という私の中では最も高度な技をお教えします（「湯気芸」という言葉は勝手に私が作ったものです）。

これは寒い冬の朝に、朝ごはんの味噌汁など熱々の汁物を置いて自然光の逆光で撮ると、湯気がモクモクと湧き上がる写真になるというものです。

湯気は刻一刻と姿が変化するので、撮影する際はいつも10枚以上連写して、その中から一番躍動感のある写真を選びます。汁物はすぐに冷めてしまうので、盛り付けたら素早く撮影するのがコツです。

最近は子どもたちも大きくなって朝はなかなか起きてこなくなり、休日に家族全員がそろって朝ごはんを食べることが少なくなってきました。なので湯気芸は久しくやっていないのですが、究極にシズル感のある写真が撮れると感動するから私もまたやりたいですし、皆さんもぜひチャレンジしてみてください。

自慢の「湯気芸」で撮影。今にも味噌汁のいい香りが
漂ってきそうな朝ごはん

21

ズボラ栽培の家庭菜園

実家で父が趣味で野菜作りをしていたのを見て育ったせいか、いつか自分もやりたいと思っていて、14年前にマイホームを建てたときに庭の片隅に菜園スペースを作りました。

最初の年は家庭菜園の本を買って調べながらいろいろな種類の野菜作りに挑戦してみたけど、害虫に食われたり病気になったりなどことごとく大失敗でした。

でも諦めず何年か経験することで、作りやすい品種や育て方のコツがだんだん分かってきて、今では失敗はほとんどありません。

料理はきっちりレシピ通りですが、野菜作りは感覚的にやっています。と言いつつも、植える前の土作りをきちんとやることと、品種ごとに植えるタイミングを守ることだけは心がけています。

平日は単身赴任をしていますが、我が家の菜園の野菜はどれも週末にお世話をするだけで十分な品種ばかりです。

地植えの野菜は土の中の水分を勝手に吸って育ってくれるので、根付いてしまえば水やりも要りません。同時に何品種も育てることになりますが、それぞれの品種の特徴に合わせて芽かきや剪定をしたり、間引いたり、除草、追肥、薬剤散布をしたりしています。

大変そうに思うかもしれないけど、小さな菜園なのでお世話は短時間で終わってしまいます。

チーフ家の菜園の定番野菜

秋植え	春植え
大根、白菜、人参、ブロッコリー、キャベツ、芽キャベツ、カブ、にんにく	じゃがいも、トマト、ナス、ピーマン、万願寺とうがらし、シシトウ、オクラ、花オクラ、とうもろこし、ズッキーニ、かぼちゃ、冬瓜、インゲン、里芋、大葉、バジル

左上から時計回りにナス、かぼちゃ、ブロッコリー、ズッキーニ

夏野菜は実のなる野菜が多く、特にナス、トマト、ピーマンなどは食べきれないほどの大収穫になったりするのですが、このときは特に料理の腕が鳴ります。
秋冬野菜は収穫期になると寒さで成長が止まるので、大根、人参、白菜などは9月に植えると12月から2月くらいまで長期間にわたって収穫出来るのが魅力です。

あと、菜園がなくてもベランダでプランター栽培出来る品種も多いです。
野菜作り未経験のフォロワーさんからおすすめの野菜を聞かれることが多いのですが、そのときはプランター栽培もOKのミニトマトをおすすめしています。生育旺盛で失敗しにくく、プランターでも水やり不要なんです。

ただ、野菜は作る手間とコストを考えると恐らく買ったほうが安いのですが、それでも作るのには次の7つの理由があります。

❶ 自分で育てた野菜で作った料理はおいしい（格別）

❷収穫後にどんな料理に使うか考えながら育てるとワクワクしてくる
❸使いたいときに収穫すればいいからいつでも新鮮
❹日々の成長を観察するのが楽しい
❺野菜作りによって季節を感じることが出来る
❻じゃがいもやトマトなどは、スーパーには売っていないような珍しい品種を選べる
❼大根葉や人参葉など市場では入手しにくいものが収穫出来る

野菜作りは長く続けたい趣味なので、丈夫で育てやすい品種を選びつつ、無理のないほぼ週末だけのズボラ栽培をこれからも楽しみたいです。

大収穫のじゃがいも

連なるグラデーションのミニトマト

順調に育つ立派な大根

チーフのつぶやき

「たくさん採れすぎて食べきれない（涙）」みたいな投稿をしますが、どうやって消費しようか考えるのが楽しいです。

週末晩ごはんのスタメン紹介。
主役は自家製夏野菜

季節の野菜を
使った
簡単おかず
春植え野菜の
シャキッと
食感が◎

ヤングコーンのグリル

材料（お好みで）

ヤングコーン……好きなだけ
オリーブオイル……好きなだけ
塩コショウ……好きなだけ

作り方

❶ ヒゲ付きのままヤングコーンの外皮を２枚程度残して縦半分に切る

❷ フライパンにオリーブオイルを熱してヤングコーンを焼き、塩コショウをかけて味の調整をすれば出来上がり

チーフのつぶやき

とうもろこしを育てる過程で間引いたものがヤングコーン。ヒゲが甘くてとてもおいしいんです。普通の大きいとうもろこしは収穫直前に害虫に食われやすく育てるのが難しいのですが、ヤングコーンを収穫することを目的にとうもろこしを育てています。ヒゲ付きのヤングコーンはほとんど出回らないので、重宝しています。

チーフ家のとうもろこし

ツナ大根

材料（4人分）

大根	1/2本
ツナ缶	1缶
水	200cc
醤油	大さじ3
みりん	大さじ2
砂糖	大さじ2くらい
小ねぎ	少々

作り方

1. 食べやすい大きさに切った大根を米のとぎ汁で下ゆでして洗う
2. 鍋に水、醤油、みりん、砂糖、ツナ缶（油ごと）を加えて煮汁が少なくなるまで煮込む
3. 器に盛り付けて小ねぎをかける

チーフのつぶやき

ツナのおいしさが大根によく染み込みます。米のとぎ汁を使って大根を下ゆでするとおいしく仕上がります。子どもたちも大好きな大根大量消費レシピです。

22 おにぎり図鑑

チーフ流おにぎり
一挙公開！

小松菜と桜えびの混ぜごはんおにぎり

混ぜごはんの素で作った春らしい彩りのおにぎり

とうもろこしごはんおにぎり

フレッシュなとうもろこしに塩を加えて炊いただけのシンプルな味付け

せりごはんおにぎり

刻んでフライパンで炒め煮したせりを白ごまとともに炊き立てごはんに混ぜたもの。早春野菜特有のほんのり苦みと香りが楽しめる

大根葉のふりかけおにぎり

菜園の大根を収穫する時期によく作る大根葉ふりかけをごはんに混ぜ込んだもの

きのこ山盛りの甘辛混ぜごはんおにぎり

舞茸としめじがたっぷり。鶏肉からもいい味出てる

はらこ飯おにぎり

鮭たっぷりの炊き込みごはんにいくらをのせた贅沢おにぎり

高菜のピリ辛焼きおにぎり

高菜漬にごま油と豆板醤を加えてごはんに混ぜ込んでスキレットで両面を焼いたもの。カリカリで香ばしい

ふき味噌のおにぎり

旬のふきのとうで手作りしたふき味噌をのせたおにぎり。味噌の甘さの中にほんのりふきのとうの苦みがあって絶妙

和風ツナマヨおにぎり

醤油味の和風ツナマヨで作ったおにぎり

しらす炊き込みごはんおにぎり

しらす以外にも具がたっぷり入った春のおにぎり

わかめごはんおにぎり

わかめごはんの素を混ぜた夏向けのさっぱりおにぎり

たけのこごはんおにぎり

穂先を表面にも貼り付けた食べごたえのあるおにぎり

しそ醤油漬おにぎり

にんにく醤油とごま油に漬けた大葉を貼り付けた。やみつきになるおいしさ

さつまいもごはんおにぎり

塩だけを加えて炊き込んださつまいもごはん。ねっとり食感と甘みがごはんに合う

ベーコン飯おにぎり

カリカリに炒めて醤油で味付けしたベーコンを混ぜ込んだ香ばしいおにぎり

牛肉の炊き込みごはんおにぎり

甘辛牛肉とごはんの相性が抜群

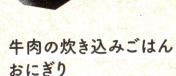

シャウエッセンおにぎり

材料（個数によってお好みで）

シャウエッセン	適量
醤油	少々
ごはん	適量
塩	少々
のり	適量
油	少々

作り方

1. フライパンに少量の油をひき弱火でシャウエッセンを焼き、最後に醤油を少量加えて味付けをし火を止める
2. ごはんを三角に握り塩を振る
3. ②に箸で深めに穴をあけ、そこにシャウエッセンを挿して握り直す
4. のりを巻く

チーフのつぶやき

醤油で味付けしたシャウエッセンは米にとても合います。見た目もおいしいおにぎりです。

おわりに

料理が全く出来なかった私ですが
娘の幼稚園のお弁当作りと褒め上手な妻のおかげで料理をするようになりました
「おいしい」と言って食べてくれる妻
「おいしい」とは言わなくてもメニューをリクエストしてくれる娘
献立に厳しい意見を言いながらもちゃんと食べてくれる息子
私が作ったものを食べてくれる家族がいるのは本当にありがたく支えにもなっています
1冊の本を書くのは思っていた以上に大変だったけど
家族との出来事を振り返ることが出来て嬉しかったです
やっぱり自分の作ったごはんはおいしそうだなと思いました

著者あとがき

料理を始めたのは、今は中学2年生の息子が生まれたときだったのでもう14年経ちます。

この期間は仕事も忙しく、あっという間に駆け抜けてきた感じです。

結婚して子どもが生まれ、最初のうちは忙しいながらも自分が家庭の中で何をすべきか手探りの状態でした。

そんな中で料理に出会えて、ごはんを通して家族とコミュニケーション出来たのは本当に良かったと思っています。

今回この書籍を執筆するにあたり、改めて振り返ることが出来ました。

インターネットに疎かった私が、日常の記録のような感じで始めたSNSですが、料理の投稿をしていくうちにたくさんの方に見ていただけるようになりました。

すごくありがたいことですし、見ていただけるからこそ毎日が楽しいです。

単身赴任は今後もずっと続くと思うので、ひとり飯に関してももっと腕を上げていきたいと思っています。

これからも日々の献立の参考にしてもらったり、チーフの日常を見て楽しんだりしていただけたら幸いです。

チーフ

イラストレーター・漫画家
あとがき

はじめまして、じゅーぱちです。

　本書を手にしていただいてありがとうございます！


　普段はクライアントワークでのイラスト制作・漫画制作のほかにも、オリジナルのイラストや漫画を制作しています。


　チーフさんの魅力は料理はもちろん、ご家族との関係にあります。

　私自身も家族をテーマにしたオリジナル作品も多く投稿していて、そんなご縁もあり、本書『家族には週末料理担当を任されています　～チーフの日常～』のイラストと漫画の制作を担当させていただきました。


　チーフさんとお打ち合わせをしたときに感じた優しそうな雰囲気。

　とても素敵だなと思ったのは、チーフさんご自身がご家族との関係を大切にするために努力をされていること。

　しかもその努力を全力で楽しんでいらっしゃること。


「楽しい。趣味だ」といっても、平日単身赴任で仕事をして休日には家に帰り家族のためにごはんを作り続けるのは、きっと楽なことではないはず。

　でも、「家族にアピールしています」と微笑む姿にチーフさんのお人柄を感じました。

　そんなチーフさんを見て、自営業になって家族といられることが当たり前になってしまった私は、ああ、もっと家族と一緒にいられることに感謝しなければなぁ…と感じるこの頃です。

じゅーぱち

著者&イラスト・漫画プロフィール

チーフ

平日は単身赴任でひとり暮らし、週末は家族のもとへ帰って料理を担当。ひとり飯や家族飯、スイーツやパンなど作った料理の写真をXやInstagramで発信している。家族とのエピソードや家庭菜園、キッチンや調理器具へのこだわりなどを語る投稿も多く、料理を楽しむ姿勢や家族との向き合い方を支持するファンが多い。

X：@SW_Chief

Instagram：sw_chief

じゅーぱち

イラストレーター・漫画家。見た人が明るい気持ちになるような、親しみやすく温かみがあり、ストーリー性を感じるイラストが得意。書籍・広告のイラストや漫画制作のほか、デザイン&テクノロジー専門学校の講師を務めるなど、幅広く活動している。

X：@jupachi18

家族には週末料理担当を任されています ～チーフの日常～

2024年10月29日　初版発行

著者／チーフ

イラスト・漫画／じゅーぱち

発行者／山下 直久

発行／株式会社KADOKAWA

〒102-8177　東京都千代田区富士見2-13-3

電話　0570-002-301（ナビダイヤル）

印刷・製本／TOPPANクロレ株式会社

ISBN 978-4-04-607122-4　C0077